Stratediplo

La huitième plaie
migrants 2015, l'avant-garde

Stratediplo

Stratediplo, de formation militaire, financière et diplomatique, s'appuie sur une trentaine d'années d'investigation en sciences sociales et relations internationales pour nous aider à comprendre les réalités d'un monde en pleine mutation.

La huitième plaie
migrants 2015, l'avant garde

Publié par Le Retour aux Sources
www.leretourauxsources.com

© Le Retour aux Sources – Stratediplo - 2020

du même auteur

le quatrième cavalier,
l'ère du coronavirus,
éditions le Retour aux Sources 2020

le septième scénario,
sécession d'une minorité,
2° édition Retour aux Sources 2020

la neuvième frontière,
Catalogne 2017,
2° édition complétée Retour aux Sources 2020

la dixième arme,
quinze ans d'alertes et synthèses,
2° édition complétée Retour aux Sources 2020

le onzième coup
de minuit de l'avant-guerre,
2° édition Retour aux Sources 2020

le douzième travail
un refuge autarcique,
2° édition Retour aux Sources 2020

« *Un million de clandestins,*
c'est l'effectif de cent divisions. »

Michel Poniatowski,
ancien ministre de l'Intérieur,
septembre 1991

—————

« *Ils ne frappent pas à notre porte,*
ils l'enfoncent sur nous. »

Viktor Orbán,
premier ministre hongrois,
21 septembre 2015

Sommaire

Préface

par Thibault de Montbrial[1]

C e livre est un constat clinique salutaire. C'est également une entreprise courageuse. À contre-courant de l'énergie considérable investie par les faiseurs d'opinion occidentaux depuis le mois d'août 2015, il constitue un cri d'alarme dont la lecture paraît indispensable pour quiconque entend occuper des fonctions publiques dans les mois à venir.

Face à la décharge d'émotion générée par l'exploitation de la photo d'un cadavre d'enfant, qui a brusquement débranché la partie rationnelle du cerveau de l'ensemble des médias et de la plupart des personnages politiques européens, l'auteur s'est au contraire attaché à raisonner.

Raisonner sur les concepts ; raisonner sur les chiffres et leur projection ; raisonner sur le droit ; et raisonner aussi sur cette sidérante propension au déni collectif des élites européennes.

Lorsque Stratediplo m'a fait l'honneur de me demander de préfacer cet ouvrage, j'ai instantanément accepté, car je suis convaincu depuis des mois de l'extrême dangerosité pour la stabilité du système européen que

---

[1] avocat au Barreau de Paris, président du Centre de Réflexion sur la Sécurité Intérieure (CRSI).

constitue l'afflux massif des « intrus » (pour reprendre le vocabulaire de l'auteur).

Pour s'en tenir à la simple menace terroriste, il est en effet manifeste que le flux quasi incontrôlé de personnes extérieures à l'Union Européenne que celle-ci a complaisamment laissé entrer sur son territoire dans l'illégalité la plus absolue (la démonstration de l'auteur à cet égard est implacable) y favoriserait la pénétration substantielle d'individus liés au terrorisme islamiste.

Que n'ai-je entendu après avoir publiquement attiré l'attention sur cette question dès septembre 2015 ! Il faut se souvenir des articles surréalistes parus alors dans certains médias pour évoquer à cet égard des « fantasmes » dignes des heures-les-plus-sombres-de-notre-histoire. Deux mois plus tard, il était pourtant établi que deux des kamikazes du stade de France avaient pénétré dans l'Union européenne via l'île grecque de Leros ; puis deux autres terroristes étaient interpellés dans un centre d'hébergement autrichien, avant que le parcours du terroriste tué par la police le 7 janvier 2016 devant le commissariat de la Goutte-d'Or à Paris 18ème, montre qu'il avait fréquenté plusieurs centres d'hébergement en Allemagne sous plusieurs identités différentes…

On sait de surcroît que des centaines (fourchette basse de l'estimation) de « vrais-faux » passeports syriens ont été dérobés et sont utilisés par des personnes infiltrées dans le flux aux fins d'actes de déstabilisation futures.

Mais bien loin de se cantonner à l'unique aspect terroriste, le mérite de ce livre est de proposer une analyse globale de la menace que constitue à court terme pour l'Europe le transfert de populations actuellement en cours.

À chaque nouveau chapitre lu, j'ai découvert des faits, des chiffres, et même des réalités juridiques dont je n'avais pas perçu la gravité, faute d'une mise en perspective exhaustive.

En refermant cet ouvrage, tout lecteur de bonne foi ne pourra qu'être saisi par l'impérieuse nécessité de mettre en place dans des délais extrêmement brefs les mesures politiques, mais également les adaptations indispensables en terme de maintien de l'ordre, qui seront nécessaires dans les mois et les courtes années qui viennent afin de limiter les effets de la tragédie qui nous guette.

Lisez et faites lire ce livre.

Que vous soyez élu ou haut fonctionnaire, qu'il nourrisse votre réflexion et guide votre action ; si vous êtes journaliste, qu'il vous aide à comprendre le phénomène non pas sous l'angle émotionnel et compassionnel, mais en intégrant l'ensemble des réalités qui y sont attachées, même les plus déplaisantes.

Et si, simple citoyen, vous découvrez cet ouvrage, faites-le circuler autour de vous, invitez vos représentants à le lire et à en tirer les conséquences.

La prise de conscience sur la réalité induite par ce phénomène migratoire massif constitue, au sens littéral, une question de survie pour notre civilisation et son mode de vie.

Thibault de MONTBRIAL, janvier 2016

INTRODUCTION

*N*ote préliminaire : la réédition de cette étude initialement auto-éditée en janvier 2016 vise la mise à disposition d'une archive, pour référence ultérieure. L'événement de cette année-là a une portée historique, non pas pour son volume largement dépassé depuis lors, mais pour le retentissement qui lui a été donné afin d'en faire un événement déclencheur. Mettre les chiffres à jour cinq ans plus tard (ils sont d'ailleurs soigneusement cachés) ou inventorier et expliciter les textes législatifs imposés aux peuples d'Europe depuis 2015 serait un tout autre travail, justifiant à lui seul plusieurs thèses doctorales. La Huitième Plaie, alors que les indigènes d'Europe étaient encore sous le choc, recensait par exemple des déclarations publiques ou des actes significatifs d'autorités diverses, que la grande presse s'est empressée d'oublier mais qui doivent rester écrits et consultables, pour entrer dans l'Histoire qu'ils ont façonnée. Car il faut rappeler qu'il n'y a pas eu de "crise des migrants" en 2015, il y a eu une réponse à l'appel du 24 août, dont les conséquences avaient été préparées, par exemple en France par la loi du réveillon 2012. Aussi, hormis l'ajout de ce premier paragraphe à l'introduction, et une révision de la conclusion, aucune modification n'a été apportée au texte original.*

Ce livre sera taxé d'un certain nombre de qualificatifs, comme politiquement incorrect. Il présente des faits vérifiés et formule résolument des opinions, mais il n'incite aucunement à la haine envers les gens. Il n'entend insulter personne, et n'invective ou n'interpelle pas les acteurs dont il présente les agissements, qui ne le liront d'ailleurs vraisemblablement pas (au contraire de leurs avocats).

Mais il doit trouver un mot, le moins émotivement chargé possible, pour désigner l'objet de cette étude, à savoir des personnes dont le point commun et caractéristique, par-delà leurs différences d'origines, motivations et perspectives statutaires, est d'entrer illégalement dans un espace où elles n'ont pas le droit d'entrer[2]. En dépit des différentes vagues apparues dans la presse, souvent avec l'intention de provoquer un sentiment de sympathie ou d'antipathie, aucun mot n'est parfait, "réfugié" est légalement impropre à la majorité d'entre eux, "migrant" n'exprime pas le caractère illégal de leur irruption, "colon" implique un projet collectif, "envahisseur" contient la notion subjective d'un seuil quantitatif… On a choisi de désigner par "intrus" ces protagonistes de l'acte d'intrusion illégale. Il fera l'objet de vérifications compulsives dans le dictionnaire, et si un mot plus correct, neutre et précis apparaît il s'imposera, car de toute façon le phénomène est appelé à durer.

Bien que ce ne soit pas son sujet principal, ce livre constate aussi incidemment les méfaits humains et sociaux d'une idéologie de la soumission[3], historiquement étendue par la peur (et la force propre à générer cette peur) plutôt que par la conviction, et dont les propagateurs sont guère moins victimes, même lorsqu'ils sont coupables, que leurs cibles. Étudier l'invasion au VII° siècle aurait été difficile sans mentionner les Arabes, dont la stratégie reposait sur la conquête militaire. Étudier l'invasion au XIV° siècle aurait

[2] droit étant ici entendu selon l'acception juridique, sans considération philosophique

[3] universellement connue par le mot arabe signifiant soumission

été difficile sans mentionner les Anglais, dont la stratégie était basée d'une part sur la conquête militaire et d'autre part sur la séduction (ou la subornation) de barons locaux. Étudier l'invasion au XX° siècle aurait été difficile sans mentionner les Soviétiques, dont la stratégie supposait que la subversion idéologique et la supériorité économique (qui leur fit défaut) réduiraient le facteur militaire à une conclusion facile. Étudier l'invasion au XXI° siècle serait difficile sans mentionner les Mahométans, dont la stratégie de soumission est fondée sur la terreur : l'Islam entend subjuguer par la crainte et répand pour cela la peur de l'islam, ou islamophobie.

Un concept qu'il suffit d'évoquer dans cette introduction mais qu'on ne développera pas au-delà est celui de grégariaptitude, cette capacité et cette propension à un changement drastique de caractéristiques, induit par la densité et la promiscuité. Des individus qui ont un comportement spécifique (de caractère individuel) à l'état solitaire ou en petits groupes, dès lors que leur densité dépasse un certain seuil, non seulement adoptent un comportement distinct (grégaire), mais le rassemblement altère également leur mode de vie (régime alimentaire compris) et modifie jusqu'à leur morphologie. La différence avec la psychologie des foules, dont tout individu subitement isolé récupère son caractère propre comme par un réveil dégrisant, c'est que les profondes modifications du sujet ainsi grégarisé ne sont pas réversibles à l'échelle individuelle. Sur le plan éthologique, après le dépassement de la masse critique, les énormes concentrations rapidement atteintes entraînent un comportement ravageur et destructeur qui, sans aucune chance d'équilibre avec l'environnement, ne laisse rien derrière ou autour de lui, et impose donc le déplacement perpétuel : en masse, ce sujet devient migrateur.

Le danger n'est pas tant inhérent à la nature de l'individu, et à ses intentions particulières, qu'au nombre de ses semblables, et à leurs besoins totaux.

Ainsi à titre individuel l'intrus, même hors-la-loi, représente une petite menace sans aucune commune mesure avec le grave risque existentiel qu'apporte l'intrusion massive, qui plus est manipulée par une idéologie de la soumission par la peur induite par la violence.

QUESTION DE DROIT

1 – Quelques définitions

Migrants, colons ou réfugiés

Le vocabulaire employé par la presse a changé en août et en septembre 2015 : une campagne médiatique soigneusement coordonnée a d'abord requalifié les clandestins en migrants, puis en réfugiés, et a enfin inventé une crise humanitaire créant des obligations aux pays de destination. Au niveau gouvernemental on emploie indifféremment les deux termes de migrant et réfugié, soit par véritable ignorance de la distinction juridique (et dédain de se renseigner) soit par volonté d'induire un amalgame fallacieux.

Mais, puisque ces migrants dans une seule direction sont manifestement des immigrants, il ne faut surtout pas confondre, d'abord, immigrant et immigré. En français le mot immigré désigne un étranger qui s'est effectivement et durablement (donc légalement) installé dans son pays d'accueil. Sauf erreur une telle substantivation du participe passé n'existe pas en anglais (*immigrated* n'est pas un nom) mais au Canada on dit *landed immigrant* en anglais, ou "immigrant reçu" en français, pour désigner l'étranger qui a terminé les formalités d'immigration et obtenu un permis de résidence temporaire ou définitive. De même en espagnol le participe passé *inmigrado* n'est, sauf à de rares exceptions (Mexique notamment, ou en Argentine uniquement pour les Italiens mal hispanisés), pas devenu un nom, et on dit généralement *inmigrante radicado*, en Espagne comme en Amérique, pour l'étranger qui a obtenu un statut de résident. En français le mot d'immigré existe bien, parfois confondu en langage populaire avec le mot d'émigré, qui s'applique certes souvent[4] à la même personne mais vue sous un angle différent puisque l'émigré est celui qui a durablement quitté son pays tandis que l'immigré est celui qui s'est durablement installé dans un autre pays. Le mot immigrant, moins employé cependant, existe aussi pour désigner celui qui arrive dans un nouveau pays. Le migrant, sans préfixe, est celui qui est en train de migrer, du point de vue non du pays de départ (on parlerait d'émigration) ou du pays d'arrivée (on parlerait d'immigration) mais d'un pays situé sur le trajet migratoire : la migration est le déplacement considéré en tant que tel, pas d'après son point de départ ou d'arrivée. Ainsi la Serbie et la Hongrie voient passer des migrants, l'Allemagne et la France voient arriver des immigrants, qui ne termineront pas tous en immigrés.

L'un des critères de définition de la migration est son caractère définitif. Un saisonnier qui va travailler dans un pays pour quelques mois, éventuellement chaque année, n'est pas un migrant. Un expatrié qui est détaché en mission dans un pays pour quelques années, tout en dépendant contractuellement d'une entreprise de son pays d'origine où il garde ses attaches économiques et ses obligations fiscales, n'est pas un migrant. Et un réfugié a vocation à rentrer chez lui dès que la menace y aura cessé. Le migrant, lui, vient s'établir dans un pays avec l'intention d'y rester.

La France a connu de nombreuses vagues d'immigration, en particulier au XX° siècle celles successives des Italiens, des Européens de l'Est, des Ibériques et des Maghrébins. Même si cela représentait au

---

[4] pas toujours car on peut s'exiler définitivement mais errer ensuite sans jamais s'installer définitivement nulle part

total des effectifs importants (notamment les Algériens et les Portugais), il s'agissait de mouvements individuels d'initiative propre. Il peut s'agir dans certains cas d'un homme seul qui attendra d'avoir trouvé (ou établi) un travail et un logement avant de faire venir sa famille, ou d'en constituer une sur place. Il peut aussi s'agir dans d'autres cas d'une cellule familiale complète qui arrive simultanément, voire qui est accueillie par des proches arrivés plus tôt. L'immigré est quelqu'un qui migre "dans", donc qui s'intègre dans une société préexistante, même si en termes statistiques il arrive en grand nombre. La France métropolitaine n'a pas connu de migrations de masse, au sens d'invasion par des peuples constitués, depuis de nombreux siècles.

La colonisation est un autre phénomène, qui consiste en l'installation sur un territoire donné d'une colonie spécifique. Il s'agit parfois de mouvements spontanés, comme on a pu en connaître dans certaines régions d'Afrique australe ou d'Amérique, mais qui s'intègrent dans une vague qui se reconnaît comme telle, éventuellement pour sa simple simultanéité, son homogénéité ou le caractère relativement faiblement peuplé (voire semi-désertique) des régions colonisées. À l'opposé, dans l'Argentine de 1900 six habitants sur sept étaient nés en Europe, dont trois en Italie. Il s'est agi d'un peuplement rapide, mais qui est resté (à ce moment-là) une immigration plutôt qu'une colonisation car chacun individuellement s'est cru membre d'une minorité et a cherché à s'intégrer à la société existante en apprenant l'espagnol. La conscience collective d'être un pays majoritairement peuplé d'italianophones n'a pas émergé à l'époque, et une génération plus tard la langue maternelle majoritaire était effectivement l'espagnol.

Au contraire lorsque le gouvernement français a décidé, en la limitant à deux cents familles par an à cause du mythe (erroné) de la dépopulation en métropole, la colonisation de la Nouvelle-France, c'était très peu en effectif mais les migrants, qui devaient prendre certains engagements en échange de leur dotation initiale en semences, avaient le sentiment de participer à un mouvement collectif. Ils s'intégraient d'ailleurs dans le mouvement de francisation de l'Amérique du Nord (alphabétisation, médication, évangélisation et modernisation technique), sans équivalent dans les dépendances américaines d'autres puissances européennes en raison d'une part du respect manifesté tant par le Français d'Europe envers l'indigène "sauvage" (étymologiquement habitant des forêts) que par le gouvernement envers tous ses sujets sans distinction (ni en Nouvelle-France ni lors de leurs déplacements en métropole), et d'autre part le sentiment, entretenu entre autres par le mariage mixte, d'appartenir à la même communauté. La colonie française, dont les membres d'origine européenne étaient très minoritaires, s'étendait par la francisation des indigènes plus que par l'implantation de colons allogènes, et tour à tour les Algonquins, les Hurons, les Illinois et des dizaines d'autres peuples ont étendu la colonie vers l'ouest en s'y agrégeant et incorporant, sans se déplacer. Ainsi un colon est le membre d'une colonie, mais il peut aussi bien être un allogène qui y est venu qu'un indigène qui s'y est incorporé. Par exemple, la moitié des colons partis avec Antoine Laumet (dit de La Motte de Cadillac) en 1701 fonder le fort Pontchartrain du Détroit étaient des autochtones (Hurons et Outaouais), et lorsque la colonie atteint six mille habitants elle était à plus de 95 % indigène.

Il y a un autre mot qui prêterait facilement à confusion (surtout quand elle est induite volontairement), c'est celui de réfugié. En France la définition légale est celle donnée par l'article L711-1 du Code de l'entrée et du séjour des étrangers et du droit d'asile, qui reprend celles (identiques) du statut du Haut-Commissariat de l'ONU pour les Réfugiés et de la convention de Genève relative au statut des réfugiés. Le Haut-Commissariat pour les Réfugiés exclut d'ailleurs expressément dans l'article 6 de son statut les "*raisons de caractère purement économique*" ; mais par ailleurs il s'implique sélectivement, dans les faits, dans la protection de certaines populations fuyant la guerre, et s'est au moins une fois occupé de déplacés internes, au détriment d'ailleurs de vrais réfugiés[5]. Le Code de l'entrée et du séjour des étrangers et du droit d'asile ajoute cependant aux définitions internationales les "*aspects liés au genre et à l'orientation sexuelle*", qu'il prend en compte pour identifier et reconnaître "*l'appartenance à un certain groupe social*", ce qui traduit (mal) un probable souci du législateur de reconnaître comme catégorie, et protéger, les personnes d'un sexe persécuté dans leur pays, auquel cas cette définition concerne toutes les femmes originaires de pays musulmans. En gros on peut retenir que la définition française correspond à celle donnée dans la Convention de Genève du 28 juillet 1951 relative au statut des réfugiés. Mais tant que son cas n'a pas été étudié et que ce statut ne lui a pas été accordé, l'impétrant n'est que candidat au statut de réfugié, ou demandeur de refuge (souvent dit improprement demandeur d'asile). L'intense battage politique et médiatique asséné pour faire croire que tous les intrus de 2015 sont des réfugiés est une tromperie. Il faut insister sur les termes, afin d'utiliser les mots qui désignent correctement la réalité pour la rendre intelligible.

---

[5] dans les années quatre-vingt-dix, le détournement pour les Turcs de Bosnie, en Bosnie et Herzégovine, du budget alloué pour le demi-million de Serbes de Croatie chassés de leur pays et réfugiés en Bosnie

Devoir d'asile imaginaire

Il convient de tordre le cou à un mythe tenace.

Le droit d'asile n'existe plus. Pour mémoire, il s'agissait du droit qui était reconnu à certaines autorités de donner asile à des personnes poursuivies par la puissance publique (police ou justice), c'est-à-dire à des délinquants, des criminels ou des personnes suspectées de l'être. D'origine antique, mais surtout développé par la Chrétienté, cette sorte d'extra-territorialité avait été accordée aux églises et autres lieux religieux, ou plus exactement avait été arrachée par l'Église à l'État. Il faut se rappeler qu'après la chute de la moitié occidentale de l'Empire romain, l'Europe et la Méditerranée occidentales s'étaient morcelées en une multitude de petits États féodaux à la justice plus ou moins artisanale et arbitraire, en particulier dans les espaces de culture germanique (franque par exemple) qui sont revenus à un droit coutumier de tradition orale contrairement à ceux de culture latine (romane par exemple) où le droit est resté écrit ; c'est dans ce contexte qu'est né le droit d'asile chrétien[6]. Au cours des siècles suivants, concomitamment à la reprise du courant civilisateur du sud vers le nord, et au fur et à mesure des regroupements territoriaux, ont émergé quelques grands pays à la justice organisée, écrite et permanente, donc à la fois plus puissante face aux contre-pouvoirs religieux, et pourvue d'une image de plus grande infaillibilité. Pour finir, cette exception au droit a disparu en France lorsque le souverain a progressivement mais solennellement placé la justice au-dessus de la miséricorde (et l'État au-dessus de

---

[6] précisément là où la justice avait perdu son latin, au sens propre comme au figuré

l'Église), il y a plus de trois siècles. En France plus qu'ailleurs, la Révolution a ensuite aboli tous les privilèges, étymologiquement "lois privées" donc en clair les statuts dérogatoires, en même temps qu'elle éliminait tous les corps intermédiaires entre l'individu et l'État unique central. Le seul qui soit resté, en matière judiciaire, est le droit de grâce, autrefois apanage royal[7], aujourd'hui dévolu au Président de la république.

L'asile a même été pénalisé. Il est très généralement (et pas depuis hier) considéré comme complicité avec celui auquel on donne asile, donc selon le cas complicité d'une contravention, d'un délit ou d'un crime, et punissable en conséquence dans la même catégorie que l'infraction principale. Dans certains cas (continuité, récidive ou vénalité) il est même considéré comme une incitation au délit ou au crime, selon le vieil adage "le receleur fait le voleur". En France, et donc dans d'autres pays compte tenu du caractère internationalement normatif du droit français (plus ou moins systématiquement copié dans le monde entier), l'asile a même, depuis la Révolution, fait l'objet de dispositions pénales spécifiques permettant de le réprimer en tant que tel et non pas seulement comme complicité d'une autre infraction. C'est encore le cas par l'article 434-6 du Code pénal relatif au recel de malfaiteur, ainsi que par l'article L321-19 du Code de justice militaire relatif au recel de déserteur. Mais en 1794, par les décrets du 11 avril et du 15 novembre, au-delà de l'asile aux malfaiteurs de droit commun individuellement poursuivis par la justice, c'est également l'asile aux citoyens relevant des catégories collectivement présumées coupables de délit d'opinion et

---

[7] qui rappelait que la justice n'avait été confiée aux parlements que par délégation souveraine d'une ancienne fonction régalienne

dissidence politique qui a été pénalisé et même criminalisé…

Non seulement le droit d'asile, c'est-à-dire la possibilité pour une autorité infra-étatique de soustraire un contrevenant à la justice du pays, a été aboli, mais de plus il a été conclu des accords internationaux par lesquels chaque pays s'engage à livrer à son pays d'origine toute personne qui se serait enfuie à l'étranger pour échapper à la justice. En vertu de ces accords d'extradition, le citoyen, déjà privé depuis quelques siècles de l'éventuelle chance d'être protégé de la justice par une autorité morale dans son pays, est privé maintenant de celle d'être protégé de la justice de son pays par un pays tiers où il se serait enfui. En Europe par exemple, un protocole additionnel au Traité d'Amsterdam de 1997 interdit expressément à tout pays membre de l'Union européenne d'accorder l'asile à un ressortissant d'un autre pays membre. Et enfin, avancée ultime depuis quelques décennies, une coopération policière internationale (Europol et Interpol) va jusqu'à poursuivre à l'étranger les fuyards à la justice de leur pays (ou du pays de commission des faits reprochés) en coordonnant et exigeant leur recherche dans les pays où ils sont susceptibles de s'être retirés. La plupart (mais pas la totalité) des pays engagés dans ces processus sont des États de droit assurant un certain nombre de garanties aux personnes traduites en justice, comme par exemple l'égalité devant la loi, la présomption d'innocence, le droit à un avocat, des modalités d'appel, et le cas échéant une possibilité de recours à une autorité supranationale de contrôle de la justice, comme dans le cas des pays membres du Conseil de l'Europe. Ainsi il existe une certaine garantie d'infaillibilité et d'impartialité de la justice dans la plupart des pays civilisés (ce qui n'est pas synonyme de pays développés), même ceux qui ignorent la distinction des pouvoirs chère à Montesquieu, comme par exemple la France qui a mis fin à l'indépendance du pouvoir judiciaire par la suppression des parlements provinciaux, la nomination des juges par l'exécutif et leur fonctionnarisation dans l'administration centrale, mouvement initié par les lois d'août 1790 et confirmé comme "*conception française de la séparation des pouvoirs*" par le Conseil constitutionnel en janvier 1987. Autant dire qu'il y a peu de chances que le droit d'asile revoie le jour en France.

De son côté, le droit à l'asile n'a jamais existé. Même du temps où existait le droit d'asile, l'autorité détentrice de ce droit pouvait en user pour une personne et le refuser à une autre, en général sur des critères de type de délit ou de crime. Dans l'antiquité le titulaire du droit d'asile ne pouvait pas se réclamer de ce droit pour protéger un esclave, celui-ci étant réputé n'avoir pas la personnalité juridique, et il y avait d'autres restrictions encore. Même s'il donnait parfois le sentiment de générer une sorte d'obligation morale, le droit d'asile n'a jamais été juridiquement considéré comme un devoir de protection. De toute évidence, si l'autorité judiciaire tolérait à peine l'exercice de ce droit qui constituait en quelque sorte des zones de non-droit (ou plus exactement de non-applicabilité du droit) dans le pays, elle n'allait pas de plus l'ériger en obligation, donc partout où le droit d'asile a été reconnu, que ce soit par la coutume ou par un statut écrit, il n'a jamais été reconnu de devoir d'asile, de la part du détenteur de ce droit, ou de droit à l'asile, de la part des bénéficiaires potentiels. À cet égard le cas des ambassades et des nefs est trompeur, même si certaines personnes poursuivies s'y précipitent en espérant y trouver asile. D'une part il ne s'agit pas de territoires jouissant d'un régime extraordinaire dans le pays du fugitif mais d'enclaves étrangères où, par définition, le pays environnant (hôte) n'a pas autorité puisqu'elles relèvent de la juridiction d'un autre pays, même si l'immobilier, acheté ou loué, continue d'appartenir au pays qui l'a fourni. D'autre part l'illusion de protection est passagère puisque le pays où le fugitif a fait irruption est obligé de traiter le cas, soit en expulsant l'intrus vers le pays d'origine soit en lui accordant le statut de réfugié, qui en fait alors un ressortissant légal (un passeport peut lui être remis), légalement présent dans l'enclave étrangère, et auquel le pays environnant doit servitude de passage comme à tout employé étranger de l'ambassade (entre celle-ci et l'aéroport par exemple) ou, mais c'est une autre question en droit international, à tout résident légal d'un enclave intégrale (Saint-Marin et le Vatican par exemple).

Ce que l'on interprète souvent comme un droit à l'asile de nos jours, et qui peut prêter à confusion, c'est la notion de refuge. En particulier, le Code de l'entrée et du séjour des étrangers et du droit d'asile, qui mentionne le mot "asile" plus de trois cents fois, l'utilise systématiquement à contresens, essentiellement pour caractériser la "demande d'asile" et le "demandeur d'asile", mais il ne contient pas la moindre disposition relative à l'accord de cet asile. Ce que ce code définit et organise, c'est la "*reconnaissance de la qualité de réfugié*" (qui découle du droit international) et "*l'octroi de la protection subsidiaire*" (spécificité française bien que copiée ailleurs), uniques raisons d'être de l'Office français de protection des réfugiés et apatrides, comme de la très mal nommée Cour nationale du droit d'asile qui statue sur les recours formés contre les décisions dudit office, mais ne traite pas le moins du monde de l'asile.

Statut de réfugié bien défini

Au contraire du droit d'asile, la notion de refuge est bien vivante en France. Elle y est même une tradition, qui est certainement ce à quoi se réfère l'expression incorrecte "France terre d'asile". Et elle y est même règlementée (parmi d'autres thèmes) par le Code de l'entrée et du séjour des étrangers et du droit d'asile, où ce dernier mot est précisément utilisé pour désigner, improprement, le refuge.

L'idée de définir les conditions du refuge accordé au banni ou au fuyard d'un pays où il était injustement persécuté n'est certainement pas nouvelle, mais elle a commencé à être discutée au niveau international à une époque assez récente. Au début du XX° siècle aucun pays n'a dressé d'obstacle à l'accueil des rescapés du génocide des Grecs et des Arméniens en Turquie, même si c'est d'abord pour les bannis et enfuis de Russie, après la révolution, qu'a été institué le fameux passeport Nansen certifiant la qualité de réfugié.

Néanmoins, le fondement de la reconnaissance internationale de ce statut est la Convention de Genève du 28 juillet 1951 signée sous l'égide de l'Organisation des nations unies, et transcrite ensuite dans la législation de la plupart des pays ainsi que des organisations supranationales (Conseil de l'Europe et Union africaine par exemple). Cette convention reconnaît la qualité de réfugié à toute personne "*qui craignant avec raison d'être persécutée du fait de sa race, de sa religion, de sa nationalité, de son appartenance à un certain groupe social ou de ses opinions politiques, se trouve hors du pays dont elle a la nationalité[8] et qui ne peut ou, du fait de cette crainte, ne veut se réclamer de la protection de ce pays*". Le refuge face à une persécution, c'est précisément ce que les services français ont réussi à refuser envers Julian Assange, père d'un Français mineur résidant en France, moins d'une heure après sa demande (le 3 juillet 2015), alors que leur durée moyenne de traitement d'une demande est de deux ans (la sienne a été traitée dix-sept mille fois plus rapidement que la moyenne). Par contre le fait de venir, ou d'être ressortissant, d'un pays en

---

[8] ou hors de son pays de résidence dans le cas des apatrides

31 |

situation de guerre, n'est pas constitutif de la qualité de réfugié. Il convient de rappeler qu'aux yeux du droit international, dans lequel s'inscrivent les conventions de Genève, l'état de guerre est un état juridique reconnu, normal et normé pour un État de droit. Tout ressortissant d'un pays, sauf preuve contraire, est réputé protégé par son gouvernement ; la guerre, et ses conséquences pratiques pour les citoyens (conscription et mobilisation notamment), peut justement être le moyen pour un gouvernement de défendre ses citoyens d'une tentative de persécution étrangère. Évidemment aucun pays ne signerait une convention internationale l'obligeant à accueillir la population d'un pays voisin en guerre. Par ailleurs la convention exclut explicitement du statut de réfugié les auteurs de crimes contre la paix, crimes de guerre et crimes contre l'humanité, les coupables d'agissements contraires aux buts et principes des Nations Unies[9], ainsi que les auteurs de crimes "graves" de droit commun, qu'il faut entendre par tout ce que le droit français qualifie de crime par opposition à délit, à savoir les atteintes à l'intégrité physique, la vie ou la liberté d'autrui, que ce soit pour un motif personnel ou politique. En résumé on ne peut bénéficier du statut de réfugié quand on a soutenu des atteintes aux droits de l'homme, ce qui, strictement appliqué, exclut une portion croissante de l'humanité, qui s'oppose en théorie et en pratique à l'égalité des sexes (entre autres) ; on ne peut en bénéficier non plus quand on fuit la justice méritée de son pays, ce qui, comme on l'a vu plus haut, interdit la pratique du droit d'asile tel qu'il a existé pendant des siècles (la protection des délinquants et criminels en fuite).

---

[9] c'est-à-dire ayant participé directement ou indirectement aux opérations d'une organisation étatique ou clandestine violant les droits de l'homme ou nuisant à la paix internationale

La France reconnaît et applique cette définition du réfugié, et accorde aux réfugiés une autorisation de séjour de dix ans. De plus, depuis une douzaine d'années elle accorde aussi ce qu'elle nomme "protection subsidiaire" aux personnes qui ne correspondent pas à la définition du réfugié mais qui encourraient, en cas de retour dans leur pays, l'exécution capitale, la torture (ou autre traitement dégradant), ou des risques graves individuels liés à une situation de conflit armé, et accorde à ces protégés une autorisation de séjour d'un an (renouvelable). Ce refuge est en fait obligatoire puisque, à l'occasion de la controverse en Europe, initiée par des politiciens ignorants de l'article 15 de la Convention européenne des droits de l'homme, consécutive à la généralisation et la tentative de justification de la torture aux États-Unis d'Amérique et dans les établissements étatsuniens du reste du monde depuis 2002, l'ONU a rappelé l'interdiction d'extrader ou expulser vers un pays où la torture est pratiquée une personne susceptible d'y être soumise (même terroriste ou criminelle contre l'humanité), expliquant que la torture étant généralement clandestine même une promesse circonstancielle de ne pas y recourir, de la part du pays de destination, n'est ni fiable ni vérifiable, contrairement à une promesse de ne pas appliquer la peine de mort, qui autorise l'extradition vers un pays où la peine capitale est légale. Mais quand bien même cette interdiction ne découlerait pas de la Convention des Nations Unies contre la torture, elle est mentionnée explicitement dans la Convention européenne des droits de l'homme. Il en est de même pour l'interdiction d'extrader vers un pays appliquant la peine de mort, qui pour la Cour européenne des droits de l'homme, plus restrictive en la matière que l'ONU, n'est pas dérogeable même en cas de promesse du pays de destination de ne pas l'appliquer (arrêt de juillet 2001)[10].

Par ailleurs, au cours du débat qui a eu lieu en cette année épique entre les courants immigrationniste et antisubmergiste est apparue, ou revenue, la question d'accorder ou pas le statut et la protection de réfugié aux jeunes hommes fuyant la conscription ou la mobilisation dans leur pays.

Il faut d'abord rappeler que cette question ne concerne pas les gens originaires de territoires sans gouvernement établi et reconnu et où aucun pouvoir exécutif ne peut donc organiser un service militaire décidé par le pouvoir législatif (pouvoirs distingués ici pour le principe même si parfois exercés par la même autorité sur le terrain), ce qui exclut des territoires non gouvernés comme l'Afghanistan, la Côte des Somalis, la Cyrénaïque et la Tripolitaine. Elle ne concerne pas non plus les ressortissants de pays sans obligations militaires légales, ce qui exclut une bonne partie de l'Afrique dite subsaharienne. Par contre elle reste pertinente pour les pays organisés dotés d'un gouvernement, même si celui-ci ne contrôle plus en pratique la totalité du territoire sur lequel sa souveraineté est proclamée et reconnue[11], comme l'Irak et la Syrie.

Un certain nombre de moralistes estiment qu'une personne qui se soustrait par la fuite aux contraintes

---

[10] toute expulsion ou extradition vers les États-Unis d'Amérique d'une personne susceptible d'être poursuivie pour un crime passible là-bas de la peine de mort est une violation du protocole n° 6 de la Convention européenne des droits de l'homme (celui qui complète la Convention en abolissant la peine de mort en temps de paix).

[11] un cas de figure pas réservé aux pays en guerre, comme l'illustre le cas de la France.

militaires, c'est-à-dire à l'obligation imposée par son gouvernement de porter les armes et de participer à des opérations guerrières, doit être considérée comme un réfugié politique, à savoir la victime de persécutions du fait de ses opinions politiques au sens de la convention de 1951. Les légalistes, de leur côté, n'ont plus de doutes depuis que les derniers ont été levés par la Cour européenne des droits de l'homme, en février 2015, à l'occasion du cas d'André Lawrence Shepherd, ressortissant étatsunien. Engagé volontaire, ce mécanicien d'aéronefs à voilure tournante, alors affecté en Allemagne, avait déserté en 2007 au moment d'être renvoyé en Irak pour ne pas participer indirectement à des crimes de guerre, puis avait fait une demande de refuge au motif que son renvoi dans son pays le soumettrait à des persécutions dues à ses opinions politiques. Après un refus initial les autorités allemandes ont soumis son appel à la Cour européenne des droits de l'homme, en lui demandant de préciser le sens exact d'un certain nombre des dispositions de la directive européenne 2004/83 (depuis lors remplacée sans grand changement de fond par la directive 2013/95) explicitant les conditions d'octroi du statut de réfugié.

Tout d'abord il faut rappeler qu'en règle générale, un déserteur pour un motif autre que politique (entendu au sens large d'opinions morales) ne peut obtenir le statut de réfugié. Interprétant, en tous ses points, ladite directive de manière relativement large et favorable au militaire déserteur, la Cour n'a retenu aucune condition liée à sa fonction, c'est-à-dire qu'elle n'exige pas le risque qu'il soit amené à commettre personnellement des crimes de guerre, son appartenance à une armée qui en commet étant considérée comme une condition suffisante pour justifier sa décision de quitter le service (à argumenter solidement néanmoins en cas d'engagement puis renouvellement volontaires). Elle a posé toutefois un principe de présomption de légalité et de conformité d'une guerre acceptée par l'ONU (ce qui en l'occurrence n'était pas le cas[12]), sans nier la possibilité de démontrer que l'armée à laquelle appartenait l'intéressé était propense à commettre des crimes de guerre (ce qui en l'occurrence était facile à établir mais la charge de la preuve revient au déserteur) même s'ils n'avaient pas encore été commis, l'esprit du refuge politique accordé aux déserteurs pour ce motif n'étant pas seulement de les protéger personnellement mais aussi de contribuer à la réduction de la criminalité de guerre (d'après la Cour).

Par contre, fait important, la Cour a rejeté catégoriquement la possibilité d'accorder refuge à un militaire qui a préféré déserter alors qu'il avait, dans son armée d'appartenance, la possibilité de recourir à l'objection de conscience (qui n'est pas réservée aux pacifistes). Malgré tout elle a étudié si les sanctions qu'il encourait pouvaient être considérées comme des persécutions dont la menace permît d'accorder le statut de réfugié, mais elle a considéré qu'une peine de cinq ans de prison (le maximum selon la loi étatsunienne), assortie du rejet social consécutif, ne dépasserait pas "*ce qui est nécessaire pour que l'État concerné exerce son droit légitime à maintenir des forces armées*" et n'était donc pas disproportionnée. Il est intéressant de noter que la Cour européenne des droits de l'homme, peu suspecte de militarisme ou de répressionisme, ne justifie même pas la peine de prison envers les déserteurs par la nécessité pour le pays de se défendre, mais par son simple droit à avoir des forces armées.

---

[12] l'invasion de l'Irak a même été expressément qualifiée par le Secrétaire général, le 16 septembre 2004, de violation de la charte de l'ONU.

Cette décision confirme les grosses difficultés juridiques qu'il y aurait à vouloir accorder le statut de réfugié ou la protection subsidiaire à un déserteur.

Mais le statut lui-même de réfugié, et la protection qu'il assure, est en voie de pulvérisation par l'Union européenne. D'une part, lorsque la Commission européenne entend forcer les pays membres à se répartir un certain nombre de "places pour réfugiés" dans l'Union, qu'il s'agisse de quarante mille, cent soixante mille ou douze millions, elle décrédibilise définitivement sa politique et ses intentions par une dénaturation totale du principe de l'accueil de réfugiés. Les traités auxquels ont souscrit les pays européens et la Turquie ne fixent aucun chiffre, ni plafond ni plancher : qu'il n'y en ait que cent ou qu'il y en ait un million, tout véritable réfugié doit être accueilli, et ce dans le premier pays où il se trouve après être sorti de celui où il était personnellement menacé. D'autre part ce statut est également gaspillé et compromis lorsque la Commission européenne entend faire accorder le statut de réfugié indistinctement, collectivement et automatiquement, à toute personne provenant (ou prétendant provenir puisque la majorité n'ont aucun document d'identité) de Syrie, d'Irak ou d'Afghanistan, alors que d'après les textes on ne saurait considérer *a priori* comme réfugié toute personne venant d'un territoire pauvre, en guerre ou mal gouverné, et, toujours d'après les textes, le statut de réfugié ne peut être accordé que nominativement après étude de chaque cas individuel établissant des menaces précises à l'encontre de la personne considérée.

Certes, le gouvernement français n'a pas non plus de leçons à donner en la matière après avoir dérouté le 3 juillet 2013 l'avion officiel d'un chef d'État étranger pour tenter de faire violer l'immunité de cette nef et de faire illégalement capturer, puis extrader vers un pays pratiquant la torture (en violation des formelles interdictions françaises, européennes et onusiennes dans un tel cas) un profugue répondant précisément aux définitions internationales du réfugié.

Pour terminer, la protection accordée en vertu des engagements internationaux pris par les pays civilisés est temporaire, leurs bénéficiaires ont vocation à rentrer dans leur pays lorsque cessent les menaces personnelles à leur encontre, et tant la protection subsidiaire d'un an renouvelable que le statut de réfugié pour dix ans ne sont pas des autorisations d'installation définitive. Les pays qui ont décidé d'accorder ces protections temporaires attendent des intéressés, s'ils souhaitent rester au-delà de la cessation des menaces personnelles à leur encontre, qu'ils fassent une demande de permis de résidence permanente (immigration) dans la catégorie dont ils remplissent les conditions.

2 – Quelques réalités

Chercheurs de fortune

À l'aune de la classification qui a volé en éclats en 2015, et contrairement à une certaine propagande visant à faire croire que l'immigration était une nécessité économique, en France depuis un certain nombre d'années de l'ordre de 7 % des immigrés, bon an mal an, entraient dans la catégorie de l'immigration économique, une catégorie bien définie par les textes migratoires, correspondant pour l'essentiel à l'obtention d'un contrat de travail et matérialisée par un permis de travail (19071 furent délivrés en 2014, sur 258900 migrants d'après l'Organisation de coopération et de développement économiques).

À ce sujet le discours idéologique, et soutenu par l'ONU, selon lequel l'immigration serait nécessaire, à l'horizon d'une génération, pour maintenir l'équilibre de la pyramide des âges et donc des systèmes de retraite, relève de la démographie plus que de l'économie. Ce discours est d'ailleurs faux puisqu'il se base sur une hypothèse erronée, à savoir que le taux d'emploi et de cotisation de la population immigrée serait identique ou comparable à celui de la population indigène, alors qu'en réalité moins de 10 % des immigrés et enfants d'immigrés sont employés[13].

La classification des catégories d'immigration prend en compte les motifs d'entrée de chaque personne et pas les objectifs de la politique d'immigration. Une personne peut arriver en France pour y accomplir des études supérieures, puis finalement y rester, travailler et fonder une famille, mais le motif sous lequel elle aura obtenu sa résidence initiale est sa qualité d'étudiant même si ultérieurement elle acquiert aussi la qualité de titulaire d'un contrat de travail ou de conjoint puis parent de citoyens français. De même une personne peut être admise en France en qualité de conjoint d'un citoyen ou résident français, puis obtenir ultérieurement un contrat de travail. Quoi qu'il en soit, ces catégories sont bien définies, ainsi que les justificatifs pour prétendre y entrer, et 93 % des permis d'entrée et de séjour ne correspondaient pas, ces dernières années, aux critères de l'immigration économique.

La grande vague d'immigration illégale de 2015 a fait l'objet de nombreux efforts d'habillage lexical présentable. Évidemment une tendance a été d'utiliser à tort et à travers le terme de "réfugié", jusqu'à ce que celui-ci soit largement et légalement démonté. On a aussi usé et abusé du terme de "migrants", comme une tentative de faire reconnaître des droits spécifiques mais légaux à ces intrus illégaux, alors que les conventions internationales ne reconnaissent bien sûr de droits qu'aux migrants légaux. On a aussi utilisé abondamment le terme de "réfugiés économiques", tout en annonçant d'ailleurs une vague encore plus grande de "réfugiés climatiques", deux

---

[13] c'est différent à la troisième génération, du moins à en juger par les petits-enfants des immigrés d'avant 1950, qui eux-mêmes se sont d'ailleurs mieux intégrés et insérés que leurs successeurs

expressions certes affectivement porteuses mais dénuées de toute existence juridique ; le terme même de réfugié fait d'ailleurs l'objet d'une définition internationale précise, exposée plus haut.

Pourtant il est vrai que les intrus de 2015 ont des motivations économiques, et ne s'en cachent pas puisque c'est même d'une part la première raison de leur migration qu'ils exposent aux journalistes, et d'autre part le premier domaine des revendications et exigences qu'ils formulent. Ces motivations économiques sont d'ailleurs franchement micro-économiques voire nano-économiques, en l'occurrence monétaires à défaut d'être professionnelles. Ces hommes, partis, comme on le verra plus loin, en avant-garde plutôt qu'en éclaireurs et avec la ferme intention de faire venir leur famille une fois installés, viennent en Europe pour chercher fortune. Non pas pour faire fortune au sens de devenir extrêmement riches, mais pour trouver une meilleure fortune au sens d'un meilleur destin économique. Ce sont, au sens propre, des chercheurs de fortune.

Ils ont certes choisi une autre voie que la formule légale consistant à chercher à distance un emploi correspondant à son profil, postuler, obtenir un emploi puis demander le visa de travail correspondant, ou encore élaborer un projet entrepreneurial ou d'investissement, réunir les moyens, lancer l'initiative puis demander le visa d'entreprise ou d'investissement correspondant. C'est ainsi que procèdent, pour leur part, les Européens qui décident d'aller tenter leur chance économique en Amérique, en Afrique ou en Asie (ou Océanie), voire en Europe dans un autre pays, puisque, faut-il le rappeler, la liberté de circulation avec ou sans visa (hors ou dans l'espace Schengen) n'est pas une liberté d'établissement. Aussi un Français qui veut s'installer en Italie, ou un Hellène qui veut aller travailler chez les Teutons par la faute desquels il a perdu son emploi ou le tiers de son pouvoir d'achat, n'a pas cette liberté incontrôlée mais doit se soumettre aux critères légaux d'immigration du pays visé pour obtenir un permis de séjour ou d'établissement. Certains pays limitent même strictement les droits des immigrés, pendant tout leur séjour, à ceux correspondant à leur catégorie d'admission, et interdisent par exemple aux étudiants de travailler dans le pays pendant ou après leurs études, le visa d'étudiant étant bien distinct d'un permis de travail. Les pays qui ont une véritable politique d'immigration gèrent entre autres l'immigration économique, par exemple en tenant un inventaire des métiers en déséquilibre d'offre ou des secteurs d'activité prioritaires, afin de les favoriser par l'admission des professionnels recherchés.

En qui les concerne, et en dépit de leurs motivations foncièrement pécuniaires, les intrus de 2015 ne correspondent même pas, en aucune manière, à la définition de migrants économiques.

Inévitable déception

Les fantastiques promesses faites tant par les prêcheurs de la compassion, en Europe, que par ceux de l'hégire (*hijrah*), en Asie, ne pourront cependant qu'engendrer la déception.

L'Europe n'a pas de ressources illimitées, et son économie n'est pas florissante même en prenant en compte les résultats du capitalisme délocalisateur, qui contribue d'ailleurs plus aux chiffres qu'à l'activité. Quant à son économie réelle interne, dont l'un des indicateurs les plus significatifs est le marché de l'emploi, le moins que l'on puisse dire est qu'elle va mal. Or, comme le dit l'adage populaire, "la plus belle fille ne peut offrir que ce qu'elle a".

L'affaire des Syriens d'Uruguay est à cet égard significative. Dans le cadre d'un programme gouvernemental d'accueil de réfugiés, ils étaient arrivés en octobre 2014, d'un camp de réfugiés syriens au Liban, et avaient été logés à Piriápolis, une station balnéaire en pleine croissance située à mi-chemin entre celles d'Atlántida et de Punta del Este (considérée comme la "Monaco" d'Amérique du Sud). Pour l'anecdote, c'est un lieu où beaucoup d'Américains en général et d'Uruguayens en particulier aimeraient vivre. Pratiquement tous petits commerçants indépendants avec un niveau de vie correct avant la déstabilisation de la Syrie, ils ont été dotés de logements modernes, gratuitement pour une durée de deux ans, ainsi que d'allocations mensuelles d'insertion, de cours d'espagnol qui ne les intéressaient pas, de comptes bancaires, de téléphones portables et d'assurance médicale complète. On a aidé les hommes à trouver des emplois à temps complet (type peintre en bâtiment), au salaire minimum certes car ils n'ont aucune qualification utilisable sans pratique de l'espagnol. Lorsque les conflits entre familles ont failli dégénérer on les a séparées, et certains, d'origine paysanne (un couple avec douze enfants, les deux aînés étant restés en Syrie), se sont vus confier gratuitement, dans une autre région, une parcelle cultivable sur laquelle on leur a construit une maison neuve. En dépit de l'insistance des services d'immigration, de leurs voisins, de la police et des services sociaux et de protection de l'enfance, ils ont refusé d'envoyer leurs filles (l'un d'entre eux a quinze enfants, un autre treize) à l'école légalement obligatoire, alors que les plus jeunes garçons se sont intégrés, grâce à l'école, en quelques jours.

En août 2015, lorsqu'ils ont vu à la télévision la vague immigratoire en Europe, l'un d'eux a emmené sa famille attraper le flot migratoire en Turquie, mais ce pays ne les a pas laissés sortir de l'aéroport et les a renvoyés. Ensuite ils ont demandé aux autorités uruguayennes de les envoyer soit en Europe, soit au moins au Liban d'où ils étaient venus afin qu'ils puissent se joindre au mouvement historique vers l'Europe, avec une préférence pour l'Allemagne. Non exaucés (ils sont résidents en Uruguay et quelqu'un qui quitte ce pays n'est pas un réfugié), ils ont alors, avec leurs familles complètes, abandonné les logements confortables qui leur avaient été attribués, pour s'installer le 7 septembre en plein air devant le siège du gouvernement, à Montevideo. En dépit de l'existence d'institutions et de textes régissant leur cas, la pression médiatique a obligé le président uruguayen, après les avoir reçus, à téléphoner en personne aux premiers ministres turc et libanais, en vain évidemment car ces pays hébergent déjà des millions de vrais réfugiés. Le gouvernement a donc répondu qu'ils étaient libres de partir (mais qu'il ne leur paierait pas le voyage car ce serait une erreur), que le titre de voyage et d'identité délivré par l'Uruguay (à défaut de passeport pour les étrangers) est reconnu dans le monde entier, mais qu'on ne peut pas forcer un pays à les recevoir.

Ils adressent volontiers (grâce à des interprètes car en un an seuls les enfants ont appris l'espagnol) un certain nombre de reproches à l'Uruguay et aux Uruguayens, dont celui qui revient sans cesse est qu'on les avait trompés. On leur avait caché le coût de la vie dans ce pays, il n'est pas possible d'y élever dix ou douze enfants. On leur avait promis des salaires de 2500 dollars par mois[14] (en vérité le salaire moyen est de 550 et le revenu moyen par foyer uruguayen est de 1500). L'allocation d'intégration, dépendant de la taille de la famille mais de 1000 dollars au minimum, ne suffit pas. On leur avait promis le logement gratuit à vie et au bout de deux ans ce sera terminé. On leur avait promis des allocations familiales doubles de ce qu'ils

---

[14] deux fois le SMIC net français

reçoivent finalement. On leur avait promis un pays sûr (ils se plaignent de l'insécurité dont deux vols). Parfois ils accusent le gouvernement uruguayen de les avoir traités en cobayes en faisant une expérimentation sociale sur eux. Ils disent qu'on les a faits venir de chez eux pour les faire mourir dans la pauvreté.

Selon eux, en Europe les réfugiés sont beaucoup mieux traités ; dans certains pays tout est offert et gratuit pendant quatre ans. Ils assurent qu'en Europe il n'existe pas d'obligation d'enregistrement du bétail et des éleveurs (l'Uruguay est un grand exportateur de viande) ni de normes d'abattage[15]. De même ils notent l'intérêt des gens pour la cuisine arabe et déplorent les obligations d'enregistrement et d'inspection de la restauration par les services d'hygiène, qui selon eux n'existent pas en Europe. Simultanément, ils se plaignent que l'Uruguay est bien trop européen pour eux car ils veulent vivre avec leur identité et leurs valeurs, croyant même qu'en Europe il n'est pas interdit de battre sa femme. Car dès les premières semaines il était apparu que la violence familiale (des maris contre leurs femmes essentiellement) n'était pas pour eux un écart mais une pratique quotidienne, le personnel humanitaire a alors essayé de les raisonner, puis a dû faire intervenir la police pour confirmer qu'en Uruguay c'était un délit, et finalement au bout de trois mois la présidence de la république a décidé de les "gérer" directement pour éviter un conflit de conscience à l'Institut des droits de l'homme qui les suivait auparavant et avait des difficultés à faire comprendre à ses volontaires féminines (et parfois féministes) que pour ne pas brusquer les sensibilités des

---

[15] il est vrai qu'en la matière, en France les Mahométans certifiés tels par un moufti sont administrativement, bien qu'illégalement, dispensés de l'application de la loi obligatoire pour les autres

hommes il fallait les laisser battre leurs femmes (il leur est aussi arrivé d'agresser physiquement des fonctionnaires).

Le centre islamique de Montevideo, qui a lui aussi reçu une famille indépendamment du programme gouvernemental et prévoyait d'en accueillir d'autres, conclut qu'ils sont inadaptables. Le gouvernement uruguayen, qui prévoyait de faire venir bien plus que ces cinq premières familles (une cinquantaine de personnes, le couple le plus jeune n'ayant encore que trois enfants), semble maintenant avoir mis en suspens le projet inspiré par l'humanité et la générosité du président José Mujica. Pourtant, il s'agissait en l'occurrence d'authentiques Syriens, de vrais réfugiés, et qui plus est de familles constituées qui auraient dû être reconnaissantes d'être tirées d'un camp de réfugiés et contentes de pouvoir offrir un futur à leurs enfants dans un pays à l'indice de développement humain élevé qui n'a pas connu la guerre depuis un siècle et demi. Pour mémoire, beaucoup d'Arabes aimeraient vivre dans un pays auto-suffisant en matière alimentaire, beaucoup d'Européens aimeraient habiter dans un pays indépendant en matière énergétique, beaucoup d'Asiatiques aimeraient être imposés dans un pays sans dettes et beaucoup d'Américains aimeraient remplir les conditions d'immigration en Uruguay…

Ce cas montre le décalage complet entre les espérances, quelle que soit la manière dont elles se sont formées (imagination ou promesses), et la réalité, puis la transformation des espérances en exigence et colère, le tout dans un sentiment général d'ingratitude. Certes, si on s'imagine que tous les Européens ont un niveau de vie luxembourgeois ou émirati, on ne comprend pas qu'ils ne veuillent pas partager un peu en engageant un chauffeur-jardinier et une cuisinière-femme de ménage réfugiés. Il n'y aurait d'ailleurs pas de chômage en Europe ; or il y en a, et de la pauvreté aussi.

Illusions à corriger

Il faut dire la vérité.

Tous les enfants d'Algériens arrivés dans les années soixante-dix ont une voiture, beaucoup ont un emploi mais peu sont professeurs d'université ou magistrats ; ils ont, proportionnellement, plutôt réussi dans l'informatique, la distribution et la logistique, les métiers jeunes où l'on pouvait progresser sans diplôme tant qu'il n'en existait pas. Tous les petits-enfants d'Italiens arrivés dans les années trente ont reçu une maison en héritage, mais peu ont été emmenés en vacances l'été par des parents et des grands-parents qui travaillaient soixante heures par semaine sur le chantier ou à la pizzeria et carrelaient leur cuisine le dimanche.

Parmi les dizaines de millions de régnicoles[16] qui ont le français pour langue maternelle, qui sont entrés à l'école à six ans et en sont sortis entre dix et vingt ans plus tard avec des qualifications reconnues et utiles en France et qui sont en âge et en nécessité de travailler, une part appréciable, de l'ordre d'un sur cinq bon an mal an, n'est pas employée.

Le nombre de six millions de demandeurs d'emploi reconnu par l'État n'est pas à rapporter à une population totale de soixante-six millions d'habitants, mais à une population active de trente millions. La population active au sens du Bureau international du travail ne comprend, parmi les quarante-trois millions de personnes âgées de quinze à soixante-quatre ans, que celles qui peuvent et

---

[16] mot aujourd'hui oublié datant du régime où, avant que la république n'inventât la nationalité, le droit ne distinguait pas entre les habitants de la France selon qu'ils y étaient nés ou venus

veulent travailler, c'est-à-dire qui ne sont ni scolarisées, ni conscrites ni parents au foyer (ni handicapées), en l'occurrence trente millions de personnes. Si sur trente millions d'actifs potentiels six millions sont demandeurs d'emploi, cela fait une personne sur cinq. On essaiera de contester les chiffres en disant que le nombre de six millions comprend certaines sous-catégories (mineures) ayant connu quelque activité à temps partiel et de courte durée, on répondra que ce nombre officiel de six millions ne comprend ni les personnes rayées des listes "par erreur" le 30 du mois avant relevé des statistiques et réinscrites trois semaines plus tard "avec effet rétroactif au 1er du mois"[17] (qui perdent d'ailleurs leur ancienneté d'inscription au moment de devenir "longue durée" mais pas leur coefficient d'abattement d'indemnisation), ni les personnes qui, de guerre lasse, rentrent au foyer, retournent à l'université ou se retirent au Larzac ou au Sertão et abandonnent donc leur recherche d'emploi. Les statistiques, surtout dans un domaine aussi politiquement sensible, n'ont qu'une valeur indicative, mais *grosso modo*, en France, sur cinq personnes qui ont la capacité, le besoin et l'envie de travailler, au moins une ne trouve pas d'emploi.

En France aujourd'hui il y a aussi des familles sans toit, il y a des gens qui se sont totalement marginalisés de désespoir, survivant d'expédients à l'écart de la société organisée. S'il n'y a pas des dizaines de morts de froid chaque hiver dans la rue, entre 3,4 et 3,8 millions de personnes, suivant les estimations, sont mal logées, soit entre 5 et 6 % de la population du pays. Deux millions de personnes sont inscrites sur les listes d'attente d'attribution de logements sociaux. Il y a aussi des Français qui, après

---

[17] phénomène évidemment impossible à chiffrer en l'absence de reconnaissance officielle, mais certainement ouï dans toute famille dont un membre s'est inscrit au chômage

des années de vie frugale et ne pouvant plus supporter le coût de la vie et de l'appareil étatique (qui ponctionne, faut-il le rappeler, la moitié de la production de la fraction productive[18] du pays), ni même des services qui ne sont offerts qu'aux délinquants (couverture médicale par exemple dont sont exclus les résidents légaux), ont été obligés de s'exiler dans des pays au coût de la vie inférieur.

La situation n'est pas plus conforme aux rêves, aux promesses et aux attentes dans les autres pays d'Europe, et cela fait un moment que les ouvriers portugais n'offrent plus à leurs enfants le traditionnel voyage de noces à Moçâmedes ou à Luanda.

D'ailleurs au début de l'automne un nouveau type de doléances d'intrus a commencé à apparaître, passé sous silence par les organisations immigrationnistes et les porte-parole autoproclamés car allant à contresens du mythe de la fuite désespérée devant un péril imminent de mort, et du devoir moral d'aider. Certains d'entre eux ont commencé à se plaindre qu'ils voulaient rentrer chez eux mais que les frontières avaient été refermées derrière eux, les enfermant dans l'espace Schengen et les obligeant à continuer leur marche vers l'ouest. L'Europe et la migration illégale n'étaient pas ce qu'on leur avait annoncé, le climat était froid, le regroupement familial prendrait des mois ou plus. Les trains spéciaux, les autobus réquisitionnés et les limousines ou avions *jets* privés payés par les contribuables étaient à sens unique, et les garde-frontières des pays de transit qui avaient été forcés de laisser passer ces illégaux vers le nord-ouest en direction des pays d'appel n'avaient pas reçu l'ordre de les laisser rentrer dans l'autre sens, et peut-être rester à la charge des pays qui commettraient la

---

[18] le secteur "redistributif" ne créant pas de biens

faute de les admettre de nouveau, toujours aussi illégalement.

Quant à essayer de passer illégalement de Grèce en Turquie par voie maritime ou même en traversant l'Euros, heureusement qu'aucun n'a eu le loisir d'aller jusque-là, car peu en auraient réchappé.

En Autriche, le représentant Martin Gantner de Caritas (le Secours Catholique), commentant ces souhaits et tentatives de retour, expliquait que la plupart de ces intrus étaient traumatisés et avaient besoin d'un sentiment de sécurité. Confrontés à l'Europe nouvelle ignorée des palais présidentiels et de l'énarchie, celle de l'insécurité, de l'impossibilité de faire entrer une ambulance, un camion de pompiers ou une patrouille de police dans les camps d'accueil sous souveraineté extraterritoriale, du chantage des recruteurs islamistes, du *racket* des gangs albanais de Kossovo et Métochie, des razzias des bandes de chasseurs de femmes et enleveurs de fillettes, voire de l'hostilité des autochtones dans les villages saccagés par les *bandeirantes* précédents, certains disent vivre dans la peur et désirer absolument rentrer chez eux… y compris dans une Syrie en guerre le cas échéant !

3 – Quelques évidences

Sans-papiers hors-la-loi

Un terme médiatiquement et politiquement consacré en France pour parler de cette catégorie de hors-la-loi est "sans-papiers".

L'expression a manifestement été construite sur le modèle de "sans-emploi", "sans-revenu" et "sans-abri", des situations passives involontaires de membres de plein droit de la société française. La grande majorité des personnes qui n'ont pas de logement, d'emploi ou de revenu aimeraient en avoir et sont plutôt des victimes de leur malencontreuse situation. Mais, contrairement à d'autres pays, il est à peu près impossible de devenir légalement sans-papier en France. On ne peut le devenir qu'illégalement, par un délit. Il y a certes, à l'étranger, des fonctionnaires français qui refusent aux Français expatriés des actes d'administration courante relevant expressément et exclusivement de la compétence des services consulaires créés à cet effet, les plaçant ainsi en situation d'irrégularité et donc d'incapacité d'exercice de leurs droits subordonnés à la production (présentation) d'un papier. Il existe aussi quelques lieux, dans le monde, où on peut naître sans être enregistré, puis arriver jusqu'à un certain âge sans avoir de papiers d'identité certifiés par une autorité publique. Mais, en France aujourd'hui, et à l'exception peut-être de quelque Yanomani, tout individu est identifié, enregistré, recensé, immatriculé, numéroté, fiché et archivé, et personne, quels que soient ses efforts pour essayer de bénéficier des nombreux avantages accordés aux hors-la-loi masqués, ne peut arriver à se faire dépapériser. Un sans-papier, c'est quelqu'un qui est entré illégalement et clandestinement en France et a alors détruit ou caché les documents d'identité et de transport qu'il gardait précieusement au cas où il n'arriverait pas à pénétrer. Un sans-papier, c'est un malfaiteur, puisqu'il commet un délit, et un fuyard, puisqu'il le commet à visage couvert.

Mais cette délinquance est récompensée et donc encouragée puisque l'entrée illégale en France et le séjour masqué pendant trois mois sont obligatoires pour l'obtention de l'Aide Médicale de l'État, une couverture médicale gratuite plus complète que celle des Français ou résidents légaux respectueux de la loi, travailleurs et cotisants soumis à franchises et participations forfaitaires. Pour l'obtenir il est même impératif de ne pas avoir déposé de demande de titre de séjour. Un Français revenant de l'étranger (ou son conjoint étranger), lui, n'étant pas illégal et clandestin, en est discriminé et ne se voit pas offrir la médecine de ville, même s'il peut avoir recours aux services hospitaliers.

Auprès des tribunaux, alors qu'un Français vivant à l'étranger et incapable de prouver des revenus, même s'il montre n'y avoir pas de permis de travail, fait l'objet d'une présomption de revenus supérieurs aux plafonds français pour l'attribution de l'aide juridictionnelle, celle-ci est accordée automatiquement à un étranger clandestin maintenu en zone d'attente ou placé en zone de rétention, retenu pour vérification de son droit au séjour, frappé de mesure d'éloignement ou destinataire d'un refus de carte de séjour temporaire ou de carte de résident : cette discrimination envers les Français avec-papiers et cette inégalité de traitement en faveur des sans-papiers volontaires et contrevenants semble faite pour dégoûter, démoraliser et dissuader les Français qui envisageraient de revenir après avoir tenté sans succès leur chance dans un pays au coût de vie inférieur.

Ce terme de "sans-papiers" a été forgé pour escamoter le fait que ces personnes auxquelles on entend accorder plus de "droits" qu'aux Français et résidents légaux sont des contrevenants qui se sont volontairement placés hors-la-loi depuis leur entrée illégale dans le pays. Ils y sont d'ailleurs ouvertement encouragés par des officines comme Border Monitoring, avec l'autorisation ou la tolérance du gouvernement français.

Complicité de délinquance

Sans préjudice de la législation relative à l'entrée et au séjour des étrangers, et même si l'ordonnance de 1945 qui pénalisait le recel d'étrangers en situation irrégulière a vu toutes ses dispositions abrogées les unes après les autres, il existe encore des dispositions pénales, visant à la répression et la prévention des crimes et délits, qu'il peut être opportun de rappeler.

L'article 434-5 du Code pénal, par exemple, punit de trois ans d'emprisonnement et de 45 000 euros d'amende toute menace ou tout autre acte d'intimidation à l'égard de quiconque, commis en vue de déterminer la victime d'un crime ou d'un délit à ne pas porter plainte ou à se rétracter.

L'article 434-6, lui, punit de trois ans d'emprisonnement et de 45 000 euros d'amende le fait de fournir à l'auteur ou au complice d'un crime ou d'un acte de terrorisme puni d'au moins dix ans d'emprisonnement un logement, un lieu de retraite, des subsides, des moyens d'existence ou tout autre moyen de la soustraire aux recherches ou à l'arrestation, et porte ces peines à cinq ans d'emprisonnement et à 75 000 euros d'amende lorsque l'infraction est commise de manière habituelle.

En ce qui concerne spécifiquement l'aide à l'immigration illégale, la directive européenne 2002/90 définit le délit d'aide à l'entrée, au transit ou au séjour illégal de personnes non ressortissantes de l'Union européenne dans un des pays membres, plus dans le but de lutter contre le trafic et l'exploitation des immigrés clandestins que contre l'immigration clandestine elle-même. Elle distingue deux cas essentiels, celui consistant à aider, à titre gratuit ou onéreux, un non-ressortissant à entrer (même pour un simple transit) illégalement dans un État membre, et celui consistant à aider, uniquement dans un but lucratif (à titre gratuit ce n'est pas un délit), un non-ressortissant à séjourner illégalement dans un État membre. Elle enjoint les pays membres à établir les sanctions pénales à ce délit, mais les autorise toutefois à ne pas sanctionner un délit relevant du premier cas de figure lorsqu'il a été commis dans un but humanitaire.

En France, le Code de l'entrée et du séjour des étrangers et du droit d'asile définit comme délit, par son article L622-1, le fait d'avoir "*directement ou indirectement facilité ou tenté de faciliter l'entrée, la circulation ou le séjour irréguliers, d'un étranger en France*" ou dans l'espace Schengen, et prévoit pour ce délit une peine de cinq ans de prison et 30 000 euros d'amende, ainsi que des peines complémentaires détaillées dans l'article L622-3, visant notamment à empêcher la récidive pendant une durée de cinq ans. L'article L622-1 prévoit aussi la même peine de cinq ans de prison et 30 000 euros d'amende pour toute personne qui aura commis le même délit alors qu'il se trouvait dans un autre pays de l'espace Schengen, ce qui, en tant qu'assez rare exemple de caractérisation d'un délit contre la France commis dans un pays étranger, en souligne la gravité.

Ce délit n'est cependant pas pénalisable, en vertu de l'article L622-4 du même Code, si le bénéficiaire de l'aide, ou son conjoint, est un parent proche (une liste limitative est énumérée) de l'auteur du délit ou de son conjoint.

Récemment, en l'occurrence par la loi 2012-1560 du 31 décembre 2012 qui a modifié l'article L622-4 du Code de l'entrée et du séjour des étrangers et du droit d'asile, la dépénalisation a été étendue à tous les autres cas où le délit est commis dans un but charitable et non lucratif ("actions humanitaires et désintéressées"). Ces deux conditions doivent être réunies, l'une ne suffit pas sans l'autre, la motivation charitable étant définie comme l'intention d'assurer "*des conditions de vie dignes et décentes*" au bénéficiaire, ou de préserver "*sa dignité ou son intégrité physique*". Cela exclut donc l'aide gratuite dans un but idéologique ou subversif. Quant à l'interdiction de contrepartie "*directe ou indirecte*", tout en proscrivant évidemment la facturation aux bénéficiaires, elle exclut aussi de la dépénalisation les actes payés ou remboursés par une tierce partie, ce qui est un élément important. Enfin cette dépénalisation ne concerne que les conseils juridiques et les prestations de restauration, d'hébergement ou de soins médicaux, à l'exclusion donc des opérations de transport, coordination, télécommunications (ou autres services non énumérés), et bien sûr aussi des actions illégales par elles-mêmes en toute circonstance, comme manipulation, intimidation, incitation à l'infraction, au désordre public, à la violence voire simplement à la haine.

En ce qui concerne l'immigration illégale, selon l'article L621-2 du Code de l'entrée et du séjour des étrangers et du droit d'asile l'entrée irrégulière sur le territoire français reste un délit (pour mémoire une simple contravention n'est pas passible de prison), justiciable d'une peine d'un an de prison et 3750 euros d'amende.

Par contre le séjour irrégulier, qui était auparavant puni de la même peine que l'entrée irrégulière, n'est plus un délit depuis la loi 2012-1560.

Tangibilité des frontières

Si le caractère délictueux de l'entrée irrégulière sur le territoire français n'est pas (encore) nié par le gouvernement, c'est que, contrairement au cas de maintien irrégulier au-delà de l'expiration d'un visa régulièrement obtenu, il y a là matérialisation expresse, active et non pas passive, par le franchissement illégal d'une frontière. En dépit d'une idée erronée largement répandue dans l'espace Schengen, les frontières existent encore. Et il serait faux de croire qu'elles ont été établies pour arrêter les armées ennemies.

Les frontières ont été établies pour distinguer les territoires, c'est-à-dire les propriétés collectives terrestres. Dans les déserts, de longues frontières peuvent rester non marquées (faute d'utilité et de moyens) mais également non déterminées (faute d'intérêt) pendant des siècles. Les États voisins s'accordent sur le fait que la frontière passe dans le désert, mais la question de sa détermination exacte dans des territoires sans intérêt (et où les rares habitants ne respecteraient de toute façon pas une ligne théorique invisible) n'est jamais prioritaire, sauf lorsque l'un des États frontaliers entend soudain la démarquer. Des intérêts économiques privés, qui de nos jours rivalisent de puissance avec des États souverains, peuvent tenter d'en entraver la démarcation afin de tirer profit de l'incertitude, comme l'entreprise anglaise qui a provoqué la Guerre du Pacifique par laquelle la Bolivie a perdu son accès à l'océan. La plus longue frontière terrestre de la France, aujourd'hui précisément déterminée grâce au positionnement par satellite, reste irrégulièrement démarquée et les populations riveraines pourraient facilement prétendre, là où elle ne suit pas un cours d'eau, ne pas la connaître exactement (argument strictement mensonger dans le cas des orpailleurs clandestins). La frontière exacte entre le Comtat Venaissin et la Provence (l'appartenance du lit de la Durance) est restée longtemps l'objet d'une controverse, jamais armée cependant, dont la résolution finale n'a d'ailleurs pas respecté le droit international coutumier de l'époque, ou conventionnel d'aujourd'hui. Par ailleurs les frontières n'interdisent pas qu'un paysan possède des terrains agricoles de part et d'autre de la démarcation interétatique, certains relevant, tant pour leur usage que pour leur possession et transmission, des lois d'un pays, et d'autres relevant des lois de l'autre pays. Car c'est aussi cela, les frontières délimitent le champ de compétence géographique d'une juridiction ou d'un gouvernement, qui a donc des conséquences, historiquement d'abord fiscales[19], très concrètes.

Toutefois, pendant des siècles les frontières n'ont, en Europe en particulier, pas été comprises comme un obstacle au libre déplacement des personnes, tant d'ailleurs à titre individuel que collectif (familles, troupes de spectacle ou convois commerçants). Les gens, surtout au Moyen-âge avant l'émergence des obstacles linguistiques, circulaient librement, comme en témoignent les nombreux voyages des plus mobiles, les clercs réguliers mus par la soif d'apprendre et pas retenus par des obligations familiales. L'expulsion des étrangers (étudiants et professeurs) de l'université de Paris en 1167, pour des

---

[19] car avant l'idéologie nationaliste les gouvernements d'Europe se mêlaient peu de la langue ou des coutumes de leurs sujets

motifs d'ordre public, fut un événement extraordinaire alors réprouvé dans toute l'Europe. Plus tard en Amérique, la frontière entre la Louisiane (Nouvelle-France) et le Mexique (Nouvelle-Espagne), sur les étendues qui correspondent aujourd'hui au Texas, n'a pas toujours été définie précisément, et en tout cas jamais durablement, bien que personne ne doutât que les deux territoires étaient contigus et qu'il n'y avait aucun pays tiers entre eux.

Puis au XIX° siècle,. aussi en Amérique, les frontières ont parfois eu le rôle de mise en garde, avertissant qu'au-delà de cette ligne le voyageur quittait la protection du pays ou de la province et voyageait donc à ses risques et périls (ouest étatsunien et Patagonie argentine). D'ailleurs, lorsque la France émit au XVII° siècle le tout premier passeport (à ne pas confondre avec le diplôme ou lettre de créances d'un ambassadeur), il n'avait pas la fonction de certificat d'identité et encore moins de nationalité mais plutôt de lettre de recommandation unilatérale (il n'était pas demandé aux pays traversés d'acquiescer en le visant), par laquelle la France, puissance la plus éminente, certifiait que le porteur était un régnicole et demandait aux autres pays de lui accorder protection. Un siècle plus tard les autres pays européens en avaient pratiquement tous copié le principe, puis le port de ce document se généralisa, la pratique du visa à la frontière traversée aussi… jusqu'à la deuxième moitié du XIX° siècle, qui avec le regain des voyages internationaux vit la disparition progressive du passeport dans presque toute l'Europe.

Les eaux côtières, celles à partir desquelles la portée des armes permettrait de menacer la côte, ont depuis longtemps été rattachées à celle-ci. Mais en haute mer, dont le caractère international a longtemps été indisputé puisqu'il ne pouvait pas y avoir souveraineté sans possession donc occupation humaine permanente, c'est pour des raisons économiques avant tout (faute d'habitants) que le besoin de frontières s'est fait ressentir, fort récemment en termes historiques[20], conduisant à diverses proclamations unilatérales ou multilatérales dont la plus récente est la définition de la Zone Économique Exclusive (au-delà des eaux strictement territoriales) par la convention de Montego Bay de 1982, d'ailleurs ignorée par le pays disposant du plus grand domaine maritime. Mais c'est bien cette notion de propriété des ressources (par l'État riverain) qui domine les débats, avec bien sûr des concessions mutuelles comme la liberté de circulation.

Voilà ce qu'est une frontière, une délimitation de propriété : là-bas c'est chez vous, ici c'est chez nous. Monaco n'a pas d'armée, car il lui serait illusoire de rêver de s'opposer à une invasion française, mais elle est rigoureuse sur le tracé de sa frontière.

Il serait tout aussi faux de croire que les peuples européens sont convenus de l'abolition des frontières. Le Marché commun européen, puis l'Union européenne, fondés pour des raisons ouvertement économiques malgré l'affichage de quelques intentions citoyennes, sont allés à contre-courant de l'Histoire[21] puisqu'ils se sont attachés à faciliter puis libérer totalement la circulation des biens (et alléger les taxes douanières) en délaissant celle des personnes, aujourd'hui plus entravée qu'au Moyen-âge et même qu'au XVIII° siècle avant la constitution des États-nations au XIX° et les grosses déportations au XX°. Puis l'accord et la convention de Schengen, qui prétendaient instaurer (ou restaurer) la pleine liberté de circulation entre

---

[20] L'irruption de l'économie dans les relations internationales est elle-même récente.

[21] Du moins du point de vue chrétien centré sur l'homme, certes différent du point de vue matérialiste centré sur les biens et capitaux.

certains pays avec en contrepartie le renforcement du contrôle aux frontières extérieures, ont été signés et mis en œuvre sans consultation directe (hormis en Suisse), la ratification desdits accords par les parlements nationaux emportant supposition d'accord des populations concernées. Mais, dans l'esprit, dans les textes comme dans la présentation qui en a été faite, il s'agissait de simplifications administratives, en aucun cas de suppression de frontières interétatiques.

Si les frontières n'ont pas été établies pour arrêter les armées, par contre les armées ont été instituées pour, entre autres fonctions, protéger les frontières. En France comme dans la plupart des pays qui établissent une définition formelle de leur souveraineté ou donnent une mission écrite à leurs forces armées, l'intégrité territoriale y figure en bonne place ; or le territoire est délimité par les frontières.

QUESTION INTERNATIONALE

4 – Protagonistes

Quelle crise ?

U ne crise, ou une situation critique, est un dérèglement aigu nécessitant une prise de décision dans l'urgence. L'étymologie du mot crise, du latin *crisis* qui signifie assaut ou attaque venant lui-même du grec *krisis* qui représente l'action de distinguer et juger, renvoie précisément, comme le mot critère de la même origine, à cette nécessité d'une prise de décision. La crise est un moment décisif, qui déterminera l'évolution future de la situation, mais c'est aussi le moment de la décision au sens actif : une action est nécessaire.

Une évolution progressive, prévisible, suivant sans surprise une détermination causale c'est-à-dire une relation logique de cause connue à effet automatique n'est pas une crise, et si elle est qualifiée mensongèrement de telle, comme par exemple dans le cas des conséquences économiques des politiques gouvernementales suivies depuis quarante ans (la "crise économique" apparue en 1974 et toujours là), cela ne peut être que par volonté déterminée de tromper l'opinion dans le but d'innocenter les responsables.

Même le gouvernement français n'a pas encore sorti du bicorne son fameux spécialiste de la dramatisation, auto-proclamé expert en crises, pour facturer ses honoraires aux chaînes de télévision en expliquant au bon peuple qu'il y a une véritable crise mais qu'heureusement les autorités contrôlent la situation, et qu'on dispose maintenant de cellules d'urgence formées à la gestion rationnelle des crises... on l'entendra certes avant le printemps.

En matière d'immigration illégale tout a été fait pour conduire à la situation actuelle...

Le 23 avril s'est tenu un Conseil européen extraordinaire, convoqué en urgence à la demande du premier ministre italien Matteo Renzi sur le thème des pressions migratoires en Méditerranée, suite à quelques spectaculaires naufrages ayant coûté la vie à un millier de candidats à l'émigration près des côtes de Tripolitaine et Cyrénaïque. Le Conseil a multiplié les déclarations d'intentions et de suggestions mutuelles, comme celle de détruire les bateaux de passeurs avant leur utilisation (ou plus exactement de "demander à la Haute Représentante de l'Union européenne pour les affaires étrangères et la politique de sécurité Federica Mogherini de proposer en juin des mesures permettant de"), idée qui sera réaffirmée sommet après sommet, et toujours pas mise en œuvre huit mois plus tard[22].

Il s'est aussi proposé de tripler le (petit) budget consacré à l'opération européenne Triton de surveillance et sauvetage, et d'intensifier le travail des marines côtières italienne et maltaise, qui patrouillaient alors à moins de 30 milles des côtes européennes (insulaires) donc très loin de la zone des naufrages et noyades proches des côtes africaines.

De son côté l'Italie avait lancé en 2014 l'opération Mare Nostrum qui avait encouragé et quadruplé le pont maritime entre l'Afrique et l'Europe, débarquant 170 000

---

[22] et pour cause, puisqu'il ne s'agit plus maintenant de quelques pêcheurs tripolitains ou cyrénaïques mais d'une flotte ottomane

illégaux en Italie en 2014 contre 43 000 en 2013, la marine italienne ayant une autre capacité que les flottilles de Tripolitaine et Cyrénaïque. Au fur et à mesure des redimensionnements et de l'internationalisation de l'opération sa productivité a ensuite augmenté, amenant par exemple en Italie, le 26 septembre 2015, plus de 4500 illégaux, soit bien plus en une seule journée qu'en tout un mois de 2013, recueillant pour cela les passagers de 21 embarcations, dont aucune n'était en perdition, au large des côtes de Tripolitaine et Cyrénaïque. Comme l'a expliqué le général Christophe Gomart, directeur du renseignement militaire français, dès que les esquifs du petit matin sont partis les passeurs appellent le centre italien de coordination des secours maritimes pour en communiquer les positions, directions et nombre d'unités afin que les bateaux européens aillent les recueillir pour les conduire en Europe.

C'est à l'occasion de ce Conseil européen du 23 avril que, sur un total de 5000 réfugiés syriens que l'Union européenne se proposait d'accueillir, le président François Hollande a déclaré que la France en accueillerait entre 500 et 700 ; finalement le nombre total n'est pas indiqué, la chancelière allemande Angela Merkel ayant estimé que 5000 serait insuffisant (puis les chiffres s'étant emballés). Sachant que 1500 Syriens avaient obtenu le statut de réfugié en France depuis 2013, ce sommet extraordinaire semblait avoir accouché d'un souriceau. Plus exactement, un accord sur ce chiffre insignifiant ne justifiait manifestement pas ce sommet extraordinaire, ce qui indiquait que la raison de cette réunion n'était pas de confirmer une politique de refuge déjà en vigueur, mais plutôt de créer un événement politique communautaire et de lui donner un fort retentissement, résultat qui a bien été obtenu.

Afin de recadrer les débats, la Commission européenne écrivit le 13 mai que "*en l'absence de migration, le nombre de personnes en âge de travailler diminuera de 17,5 millions dans l'Union au cours de la prochaine décennie*", ajoutant avec optimisme que "*la migration constituera donc un facteur de plus en plus important pour assurer la pérennité de notre régime d'allocations sociales et pour garantir la durabilité de la croissance de notre économie*".

Les 25 et 26 juin s'est tenu un nouveau Conseil européen focalisé sur les mêmes questions migratoires, qui a décidé notamment la "relocalisation temporaire et exceptionnelle sur deux ans", depuis l'Italie et la Grèce, de 40000 personnes, et la "réinstallation" durable de 20000 autres, selon une répartition à définir entre tous les pays membres sauf le Royaume-Uni et le Danemark, exemptés de toute obligation en la matière. Lors du même sommet il a été décidé la mise en place de points chauds ou guichets uniques trans-institutionnels d'accueil dans les États membres situés en première ligne, pour "*assurer rapidement l'identification et l'enregistrement des migrants et le relevé de leurs empreintes digitales*". Les autres mesures prises lors de ce sommet relèvent essentiellement de la rubrique réflexion "stratégique", concertation "étroite" et réunions "de haut niveau". Les États membres ont alors commencé les négociations estivales de répartition de ces 20000 personnes déjà reconnues réfugiées par l'Italie ou la Grèce et destinées à être réinstallées dans d'autres pays, et des 40000 personnes pas encore reconnues réfugiées et destinées à être relocalisées pour que leur cas soit étudié dans un autre pays que l'Italie ou la Grèce. Un grand nombre de politiciens du plus haut niveau, y compris en France, ainsi que de supports de presse immigrationnistes, ont alors additionné les deux nombres afin de nier la différence entre relocalisation et réinstallation[23], certes très vite dépassée sur les plans tant quantitatif que conceptuel, et les États membres ont étudié une clef de répartition de 60000 réfugiés durables, à recevoir dans les deux ans. Ils devaient s'entendre à ce sujet lors d'un Conseil informel le 23 septembre, préparé par une réunion des ministres de l'intérieur et de la justice (conseil justice et affaires intérieures) le 14 septembre.

Mais le 9 septembre, le président de la Commission européenne Jean-Claude Juncker a déclaré *ex abrupto* que le 14 il ne faudrait finalement pas répartir la relocalisation de 40000 candidats au statut de réfugié mais de 160000, soit 120000 de plus. Lors de la réunion, quatre pays s'y sont franchement opposés, et les autres se sont péniblement entendus sur la relocalisation de 32256 personnes et se sont promis de s'entendre sur 7744 de plus d'ici décembre, soit un total de 40000 comme prévu (ignorant le dernier *diktat* sans préavis d'étude du président Juncker). Enfin le 22 septembre un accord est forcé pour la relocalisation de 66000 personnes jusqu'à septembre 2016, puis les 54000 "restantes", selon la même clef de répartition, dans l'année qui suivra. C'est ainsi qu'a effectivement été décidée la relocalisation, au total, de 160000 personnes arrivées ou à arriver "entre le 15 août 2015 et le 16 septembre 2017" ; pour mémoire, au moment de cette pathétique décision il entrait par effraction plus de 10000 illégaux par jour[24]. Cette gesticulation avait donc tout l'air de vouloir soit faire du bruit pour montrer aux populations européennes que

---

[23] et donc entre réfugiés reconnus et cas à étudier

[24] parallèlement, le 4 septembre le Haut-Commissaire de l'ONU pour les Réfugiés, Antonio Guterres, déclarait que selon une estimation préliminaire l'Union européenne devait augmenter les capacités de réinstallation durable de 200000 places, soit une augmentation de 1000 % par rapport aux 20000 réinstallations déjà décidées

toute décision était impossible ou vite dépassée face à la gravité de la situation, soit faire comprendre aux gouvernements des pays de première ligne qu'ils devraient de nouveau gérer cela eux-mêmes au bout de 160000 entrées, c'est-à-dire deux semaines plus tard, début octobre.

En France, le 7 septembre le ministre de l'Intérieur a annoncé la nomination d'un coordinateur national chargé d'organiser l'accueil des migrants.

Et devant ses partenaires européens, le gouvernement français a déclaré accepter la relocalisation, sur deux ans, de 24031 demandes de refuge. Pour mémoire, en 2014 les services français ont reçu 45454 demandes initiales (et ont pris 52053 décisions en comptant les réexamens)[25]. Cela signifie que recevoir et étudier 12000 dossiers de plus par an, envoyés par l'Italie ou la Grèce, ne représenterait qu'une augmentation d'un quart du travail annuel de l'Office français de protection des réfugiés et des apatrides (OFPRA) et de la Cour nationale du droit d'asile (CNDA) : ce n'est évidemment pas ça qui a pu justifier le tintamarre fait autour de cette question.

Ce qui s'est passé, c'est que suite à l'accélération brutale, au cours de l'été, de l'envoi de migrants par la Turquie, à l'intimation de l'Allemagne aux petits pays de les laisser entrer, et aux réactions conséquentes tant des populations que d'une partie des gouvernements aux premières loges sur les marches orientales de l'espace Schengen, la presse du reste des pays de l'Union européenne s'est précipitée sur ce fait du jour pour relancer ses ventes dans la torpeur de l'été, les populations ont pris conscience de l'ampleur soudaine du mouvement et certains politiciens (au premier rang desquels le ministre

---

[25] venant en premier lieu du Congo (Kinshasa), en deuxième de Chine et en troisième du Bengale

français des Affaires Étrangères) se sont crus obligés d'intervenir, lançant une polémique qui ne pouvait qu'enfler, générer des prises de position de part ou d'autre, et affoler encore plus (à juste titre il faut dire) les populations.

Ce qui est certain aussi, c'est que finalement l'acceptation générale de l'existence d'une crise arrangeait bien des gouvernements décidés d'une part à se prétendre innocents et d'autre part à dédier des moyens énormes à cette affaire. Ces moyens seront affectés à la solidification et la cristallisation, c'est-à-dire l'installation et la systémisation du produit de ce qui est présenté aujourd'hui comme un événement (advenu) et non pas comme un programme (préparé), mais absolument pas à l'identification ou la correction des causes.

Il ne s'agit pas d'une crise car, comme les transformations économiques entreprises depuis les années soixante-dix, les transformations démographiques et sociales (sociétales diraient les néologistes) initiées à la même époque et accélérées dernièrement sont prévues pour durer.

Enfin et surtout, il faut garder en mémoire la manière dont a volontairement été lancée l'opération. Le 21 août 2015, lendemain de l'accord franco-britannique sur la fixation de la Jungle de Calais, le gouvernement allemand a cessé d'étudier si un demandeur de refuge était arrivé dans l'Union européenne par un autre pays que l'Allemagne. Puis le 24 août la chancelière allemande, avec à ses côtés le président français François Hollande, annonça sa rupture unilatérale des accords de Dublin (protocole et règlement) qui depuis un quart de siècle régissaient le dépôt des demandes de refuge dans le premier pays d'entrée dans l'Union européenne, et appela le Royaume-Uni à en faire de même. Le gouvernement allemand annonça au monde entier que tous les Syriens seraient accueillis en Allemagne même s'ils transitaient par d'autres pays[26], donnant une impulsion formidable d'une part à l'intrusion massive en Grèce et d'autre part à l'impression de faux passeports syriens. Il assura les pays périphériques qu'il n'appliquerait plus la clause de renvoi vers le pays d'entrée[27] mais se garda d'envoyer des moyens de transport collectif chercher ses invités aux frontières orientales de l'Union, provoquant l'envahissement dans la profondeur des pays de transit, obligeant ceux-ci à acheminer ses invités pour leur éviter de marcher sur des milliers de kilomètres (et à les nourrir et contenir), et créant de ce fait l'événement médiatique qui permettrait aux autorités uniopéennes de déclarer début septembre l'urgence humanitaire.

Politiques migratoires

L'Allemagne ne soumet vraisemblablement pas ses voisins, et les membres plus lointains de l'Union européenne, à ce chaos invasif uniquement pour des raisons inavouables, mais aussi tout simplement par défaut d'une politique migratoire. Pendant longtemps elle n'avait pas besoin de politique d'immigration car elle recevait sans effort de nombreux travailleurs temporaires, mais aussi des immigrants, d'Europe de l'Est, au-delà de la RDA que les Allemands appelaient Allemagne centrale puisque le Reich avait perdu des territoires plus orientaux. Puis il y a eu la vague d'immigration turque, d'autant moins gênante que le

---

[26] ce que la clause de souveraineté de Dublin II permettait de faire sans avoir à le proclamer haut et fort dans tous les médias

[27] et reviendrait sur cette promesse unilatéralement et sans préavis moins de trois mois plus tard, le 11 novembre, pour les intrus que l'Allemagne jugerait indésirables

très fort nationalisme allemand (socle de l'unification il y a un siècle et demi) n'est pas fondé seulement sur la langue mais aussi sur l'hérédité, ce *jus sanguis* perpétuant des générations de métèques ou citoyens de deuxième classe. On peut être né en Allemagne de parents nés eux aussi en Allemagne et ne pas être Allemand, et la Turquie doit trouver un intérêt à accorder sa nationalité à des gens qui n'y ont jamais mis les pieds mais avaient un grand-parent Turc émigré. C'est en partie pour cela que le gouvernement s'est complu dans une apolitique d'immigration, en dépit des alertes lancées par les démographes il y a une génération, de la même manière qu'en France l'immigration temporaire ou permanente venant des anciens territoires ou protectorats d'Afrique, restés francophones et donc tournés vers l'ancien métropole, a dispensé de réflexion un régime de toute manière propens à l'impéritie.

Au contraire l'Italie, premier grand pays européen à devoir être touché par la chute de la natalité indigène au-dessous du seuil de renouvellement des générations, l'avait anticipée plusieurs décennies à l'avance et avait développé un premier programme à l'attention des descendants d'Italiens émigrés, plus particulièrement orienté vers l'Argentine après sa capitulation en 1982 et relancé après sa dévaluation en 2002, mais ouvert à tout petit-fils d'Italien, qu'il soit né au Canada, aux États-Unis, en Australie ou ailleurs. Il s'agissait d'une politique volontariste, préférant distribuer à l'avance la nationalité italienne à des Chrétiens blancs éduqués dans des pays développés (et qu'on encourageait à apprendre l'italien dans les centres culturels bien dotés), dont la majorité ne viendraient jamais tant que tout allait bien pour eux, plutôt qu'aux ressortissants des anciennes dépendances comme la Libye ou l'Éthiopie.

De la même manière, l'Allemagne aurait très bien pu chercher à séduire les descendants d'Allemands émigrés (Brésil, Chili…) ou déportés (ex-URSS) ou tout simplement les membres de minorités germanophones persécutées ou fragilisées (Afrique australe).

Pour attirer les colons, les gouvernements qui souhaitent peupler une région rivalisent de promesses lorsqu'une guerre intervient quelque part, ou qu'un peuple entier est pris de la lassitude des famines répétées (cas des Irlandais au XIX° siècle) ; ils envoient alors des chargés de peuplement démarcher ces communautés, et facilitent le contact des installés récents avec leurs compatriotes hésitants, ce qui ne leur interdit pas d'avoir une politique générale d'immigration ouverte à tous. Certains gouvernements offrent des incitations aux immigrants eux-mêmes, de la même manière que le gouvernement russe va maintenant offrir deux hectares à tout migrant (interne) intéressé à s'installer en Extrême-Orient (son prédécesseur soviétique pratiquait la "relocalisation", ou déportation, de peuples entiers). Ainsi au XVIII° siècle pour peupler d'abord la rive nord puis vingt ans plus tard la rive sud du détroit entre les lacs Érié et Sainte-Claire (migration interne), la France offrit à tout colon une bande, débouchant sur la rive, de 120 arpents soit 40 hectares, sans obligation de culture puisque les autorités se plaignirent ensuite longtemps que ces colons, y compris ceux d'origine européenne, préféraient s'adonner à la chasse et à la pêche plus rentables. Au XIX° siècle des programmes offriront toute la terre que l'immigré sera capable de clôturer et de boiser à 10 % sous deux ans (cas de l'Uruguay) ou tout ce qu'on est capable de cultiver, d'autres offriront une surface fixe de vingt hectares arables, voire jusqu'à soixante-cinq hectares (le *homestead* aux États-Unis).

D'autres gouvernements offriront des avantages non pas aux colons individuellement mais à des entreprises de colonisation, auxquelles on peut par exemple donner vingt mille hectares à condition que l'entreprise y fasse venir deux cents familles, le gouvernement s'engageant par ailleurs à fournir, hormis bien sûr l'éducation, hier la viabilisation sous forme d'un port d'exportation voire de routes internes, aujourd'hui l'électrification. Si le programme de peuplement est important, il ne suffit pas de promettre la liberté de culte (argument qui a partiellement repeuplé le Paraguay après la division par trois de sa population suite à son attaque inconsidérée du Brésil et de l'Argentine) pour que les gens viennent par dizaines de milliers.

Il y a quelques décennies, lorsque le coût du transport aérien était relativement plus élevé qu'aujourd'hui, le gouvernement australien remboursait le voyage[28] à toute personne qui serait restée deux ans ; de toute évidence une telle durée sort du cadre du tourisme, implique de trouver une forme de revenu sur place et de s'être plus ou moins installé, et toute personne déjà restée deux ans avait des chances de rester définitivement.

À l'opposé le projet Casa de Piedra de 2007 du gouvernement de La Pampa a été un échec d'une part parce que le gouvernement fédéral argentin avait, dans le cadre de son projet *Patria Grande* de sud-américanisation de l'Argentine, appliqué à travers la loi (anticonstitutionnelle) d'immigration de 2003 des mesures concrètes de discrimination à l'encontre des non Sud-Américains et mis fin au concept de programmes d'immigration et de colonisation structurés, et d'autre part parce que le gouvernement provincial a conçu ce projet, en dépit d'une publicité colonisatrice, comme une lucrative entreprise de licitation et vente de terres publiques fertilisées dix ans plus

---

[28] un an de SMIC avant 1980

tôt par un barrage, refusant même d'accorder aux immigrants potentiels un certificat d'inscription dans un projet de peuplement afin de faciliter leurs formalités d'immigration. La nouvelle colonie n'existe donc pas (quelques établissements d'élevage extensif voisins de dizaines de milliers d'hectares désertiques se sont agrandis), et à quelques centaines de kilomètres de là ont commencé à s'implanter, sous concessions d'exploration minière, de discrètes colonies de peuplement chinoises. Or l'Argentine avait su, dans les années quatre-vingt-dix, fomenter et faciliter l'immigration des Européens de l'Est fuyant la déconfiture post-communiste, comme elle a lancé en 2014 un programme à l'attention des Syriens, sans succès car, pour la première fois dans la dense saga immigratoire du pays, basé sur un discours idéologique sans incitation concrète. C'est d'ailleurs aussi pour des raisons idéologiques que la seule catégorie de migrants (sur quinze) éliminée par la loi d'immigration de 2003 est celle des entrepreneurs (à ne pas confondre avec les simples investisseurs capitalistes toujours bienvenus avec un ticket d'entrée relevé).

À l'autre bout du continent le Canada, où le gouvernement fédéral s'était un temps engagé devant le parlement à faire entrer chaque année un quota d'immigrants correspondant à 1 % de la population déjà présente, promet la réussite économique, et il faut voir les maisons que peuvent s'offrir (à crédit certes) de simples ouvriers arrivés du tiers-monde cinq ans plus tôt pour comprendre que la promesse n'est pas mensongère. Pour y arriver le pays conserve son système du barème à points (comme l'Australie), assez exigeant pour l'immigrant de droit commun, selon lequel le jeune ingénieur informaticien parlant anglais ou l'infirmière (les besoins sont actualisés régulièrement) célibataire parlant français a, en principe et sauf passe-droit, plus de chances que le cultivateur de pavot pakistanais invalide avec treize enfants exclusivement hindoustaniphones. En dépit de l'attractivité d'un pays qui a en quelques décennies intégré le peloton de tête du revenu par tête, le gouvernement arrive cependant péniblement à admettre de l'ordre de 250 000 immigrés par an (et ne peut honorer son objectif de 30 000 professionnels de la santé) et ses services sociaux aiguillent donc les cas difficiles vers le raccourci ultra-rapide du critère dit compassionnel de l'homosexualité, la presse encourageant cette voie de rattrapage en menaçant d'attaquer le gouvernement si un sodomite ou une lesbienne faisait l'objet de persécution dans son pays après refus ou renvoi par le Canada. La confession d'une homosexualité imaginaire ou suggérée, parfois à corps défendant et vertu outragée, est ainsi devenue le recours ultime du gros contingent de ressortissants du sud-est asiatique et du sous-continent indien, généralement moins qualifiés que ceux d'Afrique du Nord.

Sur un autre plan, il est à noter que tous ces pays du nouveau monde où l'immigration fait l'objet d'une politique planifiée contrôlent également l'état de santé des candidats à l'immigration, en dépistant entre autres la tuberculose, l'hépatite et le syndrome immunodéficitaire acquis et en faisant un bilan de santé général (psychologique inclus pour certains pays), vraisemblablement pour s'assurer que les immigrés ne seront pas une charge pour le système sanitaire... voire un danger pour la population[29]. Le monde développé n'ayant pas l'exclusivité des politiques d'immigration, en Afrique à la fin du XX° et en ce début de XXI° siècles, le Mozambique a offert des exploitations de centaines d'hectares, en location certes, aux milliers d'agriculteurs

---

[29] seule l'Argentine a abandonné tout contrôle sanitaire et psychologique en instaurant la préférence sud-américaine il y a douze ans

blancs chassés d'Afrique du Sud et du Zimbabwe, afin de rétablir l'indépendance alimentaire détruite par la guerre civile et le communisme. Parallèlement le gouvernement mozambicain favorise aujourd'hui l'immigration qualifiée portugaise, voire une nouvelle colonisation par les ressortissants de l'ancienne métropole coloniale, en singulier contraste avec l'Angola qui après avoir rêvé de Brésil pendant deux siècles n'a reçu que ses capitaux et prospecteurs miniers et a découragé autant les Brésiliens pionniers visionnaires que les ex-coopérants soviétiques obligés d'entreprendre après leur abandon sur place : l'émancipation *de jure* et l'indépendance *de facto* d'un pays potentiellement riche et encore sous-peuplé (en dépit d'un doublement de population en une génération) ne suffisent pas, même sous la dictature la plus stable du continent, à former des politiciens.

Il est donc vrai qu'attirer des immigrants n'est pas une entreprise gagnée d'avance, qu'il faut y présenter des arguments et y consacrer des moyens. Certains pays restent sous-peuplés, et par voie de conséquence sous-développés, par incapacité d'attirer les immigrés dont ils auraient besoin (ou refus d'accepter le tout-venant). Aujourd'hui, à cet effet les pays de l'Union européenne offrent une couverture médicale complète gratuite, parfois (dans le cas de la France) plus avantageuse que celle, payante, concédée aux indigènes travailleurs cotisants, parfois extensible aux membres de la famille qui ne viendraient qu'une fois, ainsi qu'une retraite confortable à tout immigré de plus de 65 ans n'ayant jamais cotisé, et non extinguible par la mort puisque contrairement aux anciens cotisants il ne leur est pas demandé de certificats de vie trimestriels en cas de retour au pays (d'où le nombre record de centenaires percepteurs de retraites françaises en Algérie, plusieurs fois remarqué par la Cour des comptes). Les pays européens offrent des logements de tout confort, et en attente de leur attribution des séjours dans des hôtels de luxe, ainsi que des promesses de création d'emplois avec accès prioritaire sur les indigènes, etc. Comme s'il s'agissait d'un futur électorat à courtiser et suborner, les gouvernements font des promesses économiquement intenables et créent des espérances qui ne pourront qu'être déçues, en plus de fomenter un état d'esprit de dépendance, d'ingratitude, de sentiment du "*ça m'est dû*" et de supériorité à l'indigène défavorisé. Au-delà du caractère juridiquement anticonstitutionnel et moralement malsain de ce programme de préférence, il est de toute évidence impossible à soutenir sur la durée.

Par son refus de construire une véritable politique d'immigration, combiné à la facilité (due à l'attractivité du marché de l'emploi allemand) de pouvoir faire submerger l'Europe puis choisir les employés qu'elle veut et se décharger du reste sur les glacis voisins, et à la croyance diffusée par l'ONU selon laquelle un maintien de l'équilibre des générations (la pyramide des âges) suffira à sauver le système de retraites sans considération du taux d'emploi de chaque génération ou catégorie de population[30], l'Allemagne condamne l'Europe à un envahissement anarchique, et le Moyen-Orient à une longue marche à pied vers la déception, alors qu'elle pourrait faire venir par des moyens modernes des immigrants présélectionnés.

Car la réalité nouvelle apparue à grande échelle en 2015, c'est celle d'une incitation massive aux départs individuels dans une direction générale (l'Europe) plutôt que pour une destination particulière (l'Allemagne par exemple). Il ne s'agit pas d'une déportation par la force, comme en Croatie en 1995 ou en Ukraine en 2014, ni d'une expulsion par la violence et la menace comme en Algérie

---

[30] il y a en Allemagne comme en France des communautés dont 90 % d'oisifs vivent des transferts sociaux et 10 % de travailleurs y cotisent

en 1962, mais d'une incitation suffisamment forte pour que les futurs intrus, identifiés migrables par des fomentateurs européens ou locaux venus les pousser au départ, acceptent même de payer pour être jetés sur les routes de l'inode.

Oiseaux appelants de migrateurs

Tout trafic naît d'un marché, et les bandits, à savoir délinquants dans le cas de contrebandiers ou criminels dans le cas de traite d'êtres humains, ne mettent pas en œuvre une lourde logistique pour rien. Comme on s'en rend compte en matière de drogues, la prohibition légale ne fait que relever les prix (souvent bien au-delà de la simple compensation du risque) et rapprocher les trafiquants du grand banditisme armé. Seule la disparition de la demande est réellement à même de mettre fin au trafic et donc de débander les trafiquants. Certains pays l'ont compris, le seul moyen de mettre fin au proxénétisme est d'interdire la prostitution, et le seul moyen de mettre fin à la prostitution est de poursuivre les clients. Et seul le fléchissement de la demande finale peut infléchir celle des transitaires intermédiaires, et ainsi de proche en proche jusqu'à l'offre.

Car le moteur de la traite d'êtres humains n'est pas une pompe refoulante. Si c'était le cas les routes partant de quelques zones (pays en guerre par exemple) divergeraient, selon les pays plus ou moins difficiles à traverser, et conduiraient aux premiers endroits où faiblit et disparaît la pression qui pousse au départ, en l'occurrence les pays voisins en paix, et les trajets les plus lointains se termineraient dans tous les pays riches, y compris ceux de la péninsule arabique, mais aussi d'Asie du Sud-Est, plus proches pour les Bengalis, les Pakistanais et les Afghans, les pays d'Amérique, qui ont des ambassades dans le monde entier dans lesquelles personne ne s'est précipité, ou les pays pétroliers du golfe de Guinée, plus proches pour les Africains subsahariens. Or c'est au contraire une pompe aspirante puisque les flux ne sont pas divergents, partant de quelques points de fuite, mais convergents, venant de toutes parts vers un unique point de destination, l'Europe occidentale, qui à l'échelle géographique mondiale est une petite péninsule, plus petite que l'Inde, l'Australie ou le Brésil sans parler des grands pays que sont la Russie, le Canada ou les États-Unis. C'est donc bien au point de destination commun de tous les flux qu'il faut chercher la pompe, pas dans les multiples points de départ dispersés.

Il y a une demande forte et visible de loin. Des appâts ont été mis suffisamment en vue pour que des gens soient attirés de très loin, et entrent volontairement dans le circuit avant pris en charge, instrumentalisés et traités en marchandise.

Ouvrant les hostilités le 30 août 2015 soit mois d'une semaine après l'annonce de la rupture du règlement de Dublin par l'Allemagne, le ministre français des Affaires Étrangères Laurent Fabius[31] a vertement critiqué la clôture installée sur la frontière entre la Serbie et la Hongrie pour mettre fin au passage illégal et canaliser la circulation vers les points de passage établis pour qu'un autre camion frigorifique ne tue pas soixante-dix prisonniers en évitant les contrôles. Sans égard pour les textes européens (accords de Schengen et de Dublin) et les obligations prises par la Hongrie de protéger les frontières extérieures de l'Union européenne, il a durement exprimé l'opinion selon laquelle *"certains pays d'Europe de l'est sont excessivement*

---

[31] le même qui, ès qualités, avait déclaré le 12 décembre 2012, à une conférence des faux amis de la Syrie, que le front Al Nosra (branche syrienne d'Al Qaeda) *"fait du bon boulot"* sur le terrain et ne pouvait donc pas être considéré comme terroriste

cruels", ajoutant encore que "*l'Europe a des valeurs et on ne respecte pas ces valeurs en posant des grillages*", et a formellement accusé "*la Hongrie ne respecte pas les valeurs communes de l'Europe*". Se déclarant scandalisé, il a bien sûr exigé un démantèlement immédiat de cette clôture (ce qu'il omet lorsqu'il passe près du mur hermétique israélien), et a préconisé "*que les autorités européennes aient une discussion sérieuse et même sévère avec les responsables*". Il a ensuite réitéré plusieurs fois ses attaques, par exemple en fustigeant les "*égoïsmes nationaux*" et en appelant à défendre la "*raison d'être de l'Europe*", le 22 septembre[32].

Au-delà d'une ingérence dans la politique intérieure d'un autre pays, il s'agissait d'une véritable tentative d'intimidation pour obliger le gouvernement hongrois à cesser d'appliquer les accords de Schengen, c'est-à-dire de contrôler et d'enregistrer les entrées sur le territoire national de la Hongrie souveraine et par là dans l'espace Schengen qui a chargé ce pays d'en contrôler l'accès.

La forme de cette injonction était particulièrement odieuse, s'agissant rien de moins que d'un ministre en fonction décidant de critiquer publiquement un gouvernement théoriquement ami au lieu d'emprunter les canaux diplomatiques discrets faits pour les demandes d'explication, les suggestions et les remontrances entre gouvernements. Si un ministre des Affaires Étrangères, qui ne pouvait ignorer les règles de la diplomatie, a décidé de procéder publiquement de la sorte, lors de plusieurs entretiens accordés à des chaînes de télévision et des stations de radio, c'était donc à dessein. Il voulait vraisemblablement prendre à témoin l'opinion publique

---

[32] jour dont il ignore certainement la signification pour les peuples et les armées de la Chrétienté

française et européenne, prendre la position du "bon" sur les plans idéologique et moral, et désigner par contre-coup sa cible comme le "méchant", tant devant la mouvance qui prétend placer les sentiments au-dessus des textes que devant les candidats à l'immigration illégale qui tentaient de rentrer clandestinement dans l'espace Schengen par la Hongrie (après l'avoir volontairement laissé derrière eux en Grèce).

Une conséquence de cette désignation est inévitablement l'instauration, chez les aspirants à l'infiltration, d'un sentiment de "bon droit" voire de légitimisation morale (et pas par n'importe qui[33]) de leurs actions illégales, et par conséquent l'éveil d'un sentiment (injustifié) d'injustice voire de persécution, qui n'est pas sans risques de dérapages une fois ces malfaiteurs présents dans la place.

Ces tentatives d'entraver les accords de Schengen et de Dublin, de faire lever les contrôles d'immigration aux frontières de l'Union européenne, et de transformer 175 kilomètres de frontière en un gigantesque portail ouvert et non contrôlé n'empêchent pas le ministre Laurent Fabius d'aller soutenir par sa présence la frontière intraétatique ou mur des lamentations palestiniennes concentrant les indigènes d'Israël dans une réserve.

De son côté, le 3 septembre le président François Hollande, suivant en cela la tradition républicaine de démonstration publique d'incompétence[34], déclara avoir

---

[33] le ministre des Affaires Étrangères d'une grande puissance membre permanent du Conseil de sécurité de l'ONU est une autorité internationale

[34] son prédécesseur Nicolas Sarközy de Nagy-Bocsa avait brandi le 28 mai 2007 sa détermination à un veto français à l'OMC, procédure

proposé à l'Union européenne "un mécanisme permanent et obligatoire" d'accueil des réfugiés qui serait étudié le 14 septembre par un conseil des ministres de l'Intérieur de l'Union, comme s'il n'existait ni Charte européenne des droits de l'homme ni Convention internationale sur les réfugiés, explicites et contraignantes.

Puis le 13 septembre, accompagné du ministre de l'Intérieur Bernard Cazeneuve, il est allé visiter à Cergy-Pontoise un centre d'hébergement théoriquement prévu pour réfugiés mais abritant des hommes (présentés comme Syriens) venus ou amenés d'Allemagne et ne répondant donc pas à la définition de réfugiés, auxquels il a cependant promis que leurs demandes seraient étudiées et obtiendraient une réponse (positive à n'en pas douter) sous quinze jours. Comme pour promouvoir l'image accueillante de la France il a profité de sa visite pour louer "*le dévouement, la qualité de l'accueil des services de l'État et des associations*". Mais, surtout, par cette promesse largement médiatisée de répondre aux demandes (en l'occurrence infondées et devant légalement terminer par un déboutement) dans un délai miraculeux, ce qui est de toute évidence une promesse mensongère que l'administration républicaine était, et de très loin, incapable d'honorer hormis peut-être pour les quelques privilégiés dont il a serré la main, il a lancé une invitation à venir en France, qui a été retransmise sur les téléviseurs de nombreux pays et traduite en plusieurs langues.

Le 17 septembre, après l'échec de la tentative de répartition des réfugiés et de dossiers à étudier il a

---

inexistante dans cette organisation où la France n'a pas de siège, puis avait demandé le 29 avril 2009 à la Commission européenne d'interrompre les vols à destination du Mexique, s'abstenant d'ailleurs de le faire lorsqu'on lui répondit que c'était une compétence nationale et pas communautaire mentionné, en l'absence de processus légalement contraignant pour imposer des hors-la-loi aux pays réticents, la possibilité de "*retirer des subventions ou des aides, ou infliger des sanctions*" pour les leur imposer par voie de coercition extra-légale.

Reprenant le ton insultant du ministre Fabius, le conseiller d'État Jacques Attali écrivit le 7 septembre sous le titre Hongrexit un véritable acte accusateur d'intentions, avec des mots comme "*la Hongrie ajoute à l'abjection du comportement la brutalité du vocabulaire*" ou qu'elle "*déshonore l'Union*", traite les réfugiés "*avec la plus parfaite inhumanité*", et autres termes choisis hors lexique diplomatique. Il y trouvait "*scandaleux de ne pas condamner ce pays, qui fait honte à toute l'Europe dans le monde entier*" et recommandait en conclusion "*l'activation de l'article 7 du traité de l'UE, qui permet de suspendre un État de ses droits de vote, ou de le priver de toutes les subventions et de tous les prêts communautaires, en cas de violation grave des valeurs européennes*". Sur le fond, le 11 septembre il dit qu'on n'avait encore rien vu, que "*les gens vont venir et c'est très bien*".

Au cas toutefois où les intrus illégaux ne viendraient pas d'eux-mêmes, le 9 septembre un reportage de France 2 a montré que le gouvernement français envoie l'Office français de protection des réfugiés et apatrides, dont la Cour des comptes venait de relever qu'il est débordé par les demandes à traiter, chercher en Allemagne (on ignore s'il est procédé de même ailleurs) des migrants pour la France. Dans le cas présenté de Munich, pas moins de dix fonctionnaires avaient été envoyés en mission, pour une durée indéterminée (ils y sont peut-être encore), afin d'ouvrir un très officiel guichet de racolage, passer des avis par haut-parleur, afficher des placards publicitaires en arabe…

Pour sa part, le 7 septembre la chancelière Angela Merkel a déclaré que l'Europe allait être changée par ce qu'elle vivait, qu'il fallait que ce changement soit positif, et elle a cité en exemple l'élan de solidarité et d'accueil du peuple allemand.

Le 18 septembre son ministre des Affaires étrangères Frank-Walter Steinmeier a menacé d'employer à l'Union européenne la procédure du vote à la majorité pour imposer l'accueil d'intrus clandestins aux pays résistants, en l'occurrence la Pologne, la Tchéquie, la Slovaquie et la Hongrie. Le même jour Stefan Seibert, porte-parole de la chancelière, a encore critiqué le rétablissement des contrôles de la qualité de réfugié à la frontière hongroise, souhaitant qu'on laissât entrer inconditionnellement et sans contrôle tous ceux qui le souhaitaient. Deux mois plus tard, le 12 décembre, la chancelière Merkel a répété qu'elle refusait catégoriquement de verrouiller les frontières, et que de toute façon tenter de limiter les arrivées de migrants était impossible. Elle a aussi opiné, avec le soutien de son président Joachim Gauck, que le moment était venu de supprimer totalement et définitivement les frontières intérieures en Europe, quitte à devoir recourir pour cela au chantage économique. Et le 19 décembre, le ministre allemand des Affaires étrangères Frank-Walter Steinmeier a menacé de sanctions juridiques les pays qui refuseraient d'accueillir leur quota de migrants.

En renfort de l'Allemagne, le 18 septembre le premier ministre néerlandais Mark Rutte (titulaire à son insu d'un faux passeport syrien établi en Turquie) a estimé que les pays de l'Est ayant reçu beaucoup de financements depuis leur sortie du communisme devaient donc maintenant accepter des migrants. Le chancelier autrichien Werner Faymann, lui, prône carrément des sanctions économiques. Le 7 octobre le roi d'Espagne Felipe VI a déclaré au Parlement européen[35] qu'on ne pouvait pas laisser tomber ceux qui viennent en Europe pour fuir la violence et le fanatisme, sans réaliser que si c'étaient ceux-là qui arrivaient en masse ils ne feraient certainement preuve ni de fanatisme musulman ni de violence sur leur continent d'accueil.

Le 23 septembre la Commission européenne a officiellement (bien que sans fondement) réprimandé dix-neuf pays pour "*non-respect du droit d'asile*", le 6 octobre elle a demandé des explications à la Hongrie sur son intention de rétablir les contrôles sur sa frontière avec la Croatie, et le 25 octobre son président Jean-Claude Juncker a annoncé la création prochaine d'un service européen de protection civile pour protéger les migrants.

Le 16 septembre Vitor Constancio, vice-président de la Banque centrale européenne, tout en reconnaissant que le haut niveau de chômage déstabilisait l'Europe, a déclaré que l'immigration de masse était indispensable à la croissance et au bien-être social des générations à venir. Il rejoignait en cela la directrice générale du Fonds monétaire international Christine Lagarde, qui avait appelé les pays européens à accueillir encore davantage de migrants car ça serait bénéfique pour l'économie de l'Union… en contradiction avec le prix Nobel d'économie 2015, Angus Deaton, qui avertissait du grave fardeau que représentait cette intrusion massive.

Le 16 octobre le secrétaire général du Conseil de l'Europe Thorbjorn Jagland a rappelé que tous les migrants arrivant en Europe, même illégalement, sont sous la

---

[35] lequel avait début 2015 désigné co-rapporteur pour la coordination de l'immigration transméditerranéenne Kashetu (dite Cécile) Kyenge, ancienne clandestine nommée ministre pour l'Intégration vingt ans après son arrivée en Italie, pour qui "*la clandestinité n'est pas un délit*"

protection de la Charte européenne des droits de l'homme, omettant d'ailleurs de rappeler qu'il en est de même dès leur arrivée en Turquie, membre du Conseil de l'Europe et signataire de la Charte, et s'est élevé contre la construction de nouvelles barrières.

Le Secrétaire général de l'ONU Ban Ki-Moon lui-même, le 18 septembre, a lourdement exhorté les pays européens à en faire plus pour les migrants.

Il ne s'agit là que d'un florilège sélectif des quelques personnalités et institutions les plus en vue, mais c'est en fait toute la classe politique au pouvoir en Europe, à l'exception du dernier carré de Višegrad (seulement autorisé à présenter ses arguments en position de minorité lors des sommets de l'inaction dilatoire communautaire), qui a rivalisé d'annonces tonitruantes invitant toujours plus de migrants illégaux et les assurant qu'on utiliserait tous les moyens pour les imposer dans toute l'Europe.

À n'en pas douter le résultat sera à la hauteur de l'engagement, dès le printemps 2016.

5 – Dynamique

Incitation au délit

L es instigateurs de ce mouvement épique de migration illégale sont multiples. Il y a des organisateurs institutionnels, des profiteurs privés et des accompagnateurs artisanaux. Les malheureux envoyés pour coloniser l'Europe sont lourdement rançonnés, voire traités en esclaves, sur le trajet.

Les passeurs comme certains mouftis font miroiter une vie sexuelle intense avec de belles Européennes blondes assoiffées de jeunes hommes Moyen-Orientaux à la mâle rudesse. Le cinéma des années soixante-dix a donné aux Scandinaves une réputation de femmes faciles, la publicité montre d'elles plus que n'aurait osé révéler une Iranienne libérée d'avant la révolution islamique, la Suède elle-même n'a pas hésité à se montrer plus qu'accueillante envers l'islam (on verra plus loin à quel coût), et les vendeurs de rêve en rajoutent. En septembre une enquête du journal Dala-Demokraten a établi que les candidats à l'immigration illégale en Suède avaient été poussés au départ par des promesses d'une vie de luxe payée par les contribuables suédois, d'un logement gratuit, de services de bien-être de haut niveau et d'une belle fiancée blonde, d'une régularisation migratoire rapide et d'un prompt regroupement familial (bien que leurs premières épouses soient au courant du motif de leur migration), ce qui explique certainement l'intrusion illégale de mille hommes par jour (un nombre dont le Canada ne peut que rêver).

De leur côté les mouftis en appellent au devoir de conquête et rappellent les nombreux passages du Coran promettant à ceux qui émigrent pour la cause d'Allah d'être comblés de bienfaits, le plus connu étant le verset 101 de la sourate IV : "*celui qui abandonnera son pays pour la cause de Dieu trouvera sur la terre d'autres hommes forcés d'en faire autant, il trouvera des biens en abondance – pour celui qui aura quitté son pays pour embrasser la cause de Dieu et que la mort viendra surprendre, son salaire sera à la charge de Dieu, et Dieu est indulgent et miséricordieux*". L'éminent cheikh israélien[36] Muhammad Ayed, en la mosquée Al Aqsa de Jérusalem, a tenu notamment le 11 septembre 2015 un discours enflammé sur la crise de fécondité des hommes européens dégénérés, le désespoir des femmes européennes avides de sexe et la nécessité d'apporter et d'exercer la virilité de l'homme musulman à l'Europe, qui en a un tel besoin lucide qu'elle déroule des tapis rouges pour les immigrés et est prête à les entretenir juste pour ces services-là, ce qui se terminera non seulement par la fécondation mais aussi la conquête de l'Europe et l'écrasement des Européens… ce discours d'une haute autorité spirituelle dans le troisième lieu saint de l'Islam, exhortant les Musulmans à marcher sur l'Europe, a été enregistré, traduit en plusieurs langues puis diffusé par les mouftis dans de nombreuses mosquées d'Asie, de la Perse jusqu'au Bengale.

Plusieurs organisations dites humanitaires, mais aussi des services gouvernementaux extra-européens comme IsraAid (cofinancé par Israël et le Comité Juif Américain étatsunien et localement coordonné avec les agents de l'ONU) prennent en charge les intrus dès leur

---

[36] aux yeux du droit international les habitants d'un territoire deviennent citoyens de l'État qui l'annexe

arrivée en Grèce pour remplacer leur équipement volé par les passeurs turcs, les accompagner et les aider à franchir illégalement les frontières suivantes. Ce faisant ces organisations passent, sans peut-être que leurs employés et leurs bénévoles réalisent vraiment la gravité et les conséquences de leurs actes, de la charité fraternelle à l'induction en délinquance, comme les mouvements qui, en France par exemple, cherchent, repèrent, investissent puis attribuent aux intrus des logements qu'ils appellent *squats* pour cacher le caractère délictueux de l'usurpation de la propriété d'autrui, ce qui ne saurait tromper que le grand public compatissant. Au contraire, pour des gens venant de pays où personne n'est locataire d'un tiers propriétaire, où le seul acte de propriété connu est l'occupation immémoriale et où le droit est plus coutumier qu'écrit, la seule implication possible, dès leur arrivée, est que quoiqu'on leur en ait dit la France n'est *de facto* pas un État de droit.

Dans d'autres organisations, les employés permanents trompent leurs donateurs et trahissent leur mission de témoignage[37] en ôtant d'avance de leurs murs tous les signes qui pourraient heurter la "sensibilité" des intolérants, spontanément ou par obéissance à un État souhaitant détourner et dénaturer la charité chrétienne, officieusement comme en Suède ou par ordre écrit comme en Norvège, signé en l'occurrence du directeur du service d'immigration Frode Forfang. Ce faisant, ces associations chrétiennes privent leurs bénéficiaires de la possibilité de s'enquérir sur la source d'un sentiment de compassion envers le dissemblable, inconnu voire prohibé dans leurs sociétés d'origine, et pourtant fondement historique d'un

---

[37] donnée par le Christ lui-même à ses disciples

droit international de l'homme, toutes confessions et tous sexes confondus, qui se croit une vocation universelle.

Cherchant peut-être à culpabiliser les sauveteurs, le Routard a édité en septembre un guide gratuit (Hello) en images pour intrus analphabètes, dont les attendus mentionnent rien de moins qu'un "*génocide humanitaire aux portes de l'Europe*" (omettant de préciser qui l'exécute, en Asie Mineure) et assurent, triplement mensongèrement, que "*ces réfugiés ne sont pas des délinquants* [...] *mais simplement des familles avec femmes et enfants qui fuient la mort*".

D'autres organisations ont imprimé et font distribuer en Turquie divers guides pratiques de l'immigration illégale, expliquant la route, les étapes, les soutiens et les embûches, les différents types d'obstacles frontaliers et les moyens de les franchir, la conduite à tenir face aux autorités rencontrées dans les pays de transit... Ces guides recensent nombre de mouvements sympathiques à la cause immigrationniste et donnent leurs coordonnées de contact. Surtout, ils expliquent l'accord de Dublin et insistent sur la nécessité de résister à son application en refusant à tout prix et toute force de se laisser prendre les empreintes digitales par les services frontaliers des pays où l'on vient de s'introduire en infraction et éventuellement par effraction ; certains guides indiquent même comment se brûler superficiellement la peau des extrémités digitales.

Le site w2eu.info ou Welcome to Europe, qui appartient à Border Monitoring (Munich) et manie un ton anarchiste enseignant par exemple aux intrus que la détention est une humiliation inhumaine inacceptable, répertorie une constellation de sites internet appartenant à divers mouvements, légaux ou pas. Certaines associations sont légalement enregistrées et perçoivent à ce titre des subventions publiques en France, mais d'autres groupements n'ont pas d'existence légale, comme par exemple Frontexit qui localise les patrouilles de garde-frontières pour aider les intrus à les contourner, ou Calais Migrant Solidarity qui se réclame de No Border, utilise un langage inflammatoire et incite à la rébellion contre les autorités françaises, tout en ayant réussi à ouvrir un compte à la Banque Postale de Lille (et un autre à Londres) pour y recevoir des donations, ou à enregistrer des domaines internet en .eu (comme Frontexplode d'ailleurs), ce qui en principe n'est possible que sur justificatif d'identité et domicile légal (contrairement à un domaine en .com). Dans la même mouvance évolue un collectif anglais qui, dans la Nouvelle Jungle de Calais, tient un centre d'information sur les manières d'éviter les interpellations.

Sur son site w2eu.info, Border Monitoring incite directement au délit en recommandant de ne porter sur soi, en aucun circonstance, la moindre pièce d'identité, fût-elle périmée, ni d'en laisser chez soi mais plutôt de les cacher chez des amis. Il conseille à ceux qui veulent donner leur vraie identité de préparer à l'avance un dossier et de se faire assister par un avocat et un collectif d'intrus pour la recherche de vices de procédure, mais aussi pour "*planquer son passeport, rassembler les documents, mettre la pression etc.*". Il suggère parallèlement de donner une fausse identité (nom ou nationalité) et recommande alors de donner toujours le même faux nom, de le faire connaître aux proches et au collectif, et explique que bien que la peine prévue en cas de découverte soit de trois ans de prison, on ne risque en général qu'entre trois et six mois[38].

D'autres médias recherchent sur internet des opposants à l'intrusion illégale afin de les désigner à la vindicte publique (ou à l'élimination ciblée ?) par attaque

---

[38] www.w2eu.info/france.fr/articles/france-deportation.fr.html consulté le 17 janvier 2016

ad personam, avec photo le cas échéant, comme l'édition allemande du Huffington Post du 1er octobre, et plusieurs sites internet français d'incitation à la haine contre les partisans du respect de la loi, en une sorte de "mur des bons".

Le mondialiste Gyorgy Schwartz dit George Soros, connu depuis 1992 comme le "tombeur de la Banque d'Angleterre" puis dans les années deux mille comme l'un des financiers d'Otpor et des révolutions de couleur jusqu'au coup d'État ukrainien de février 2014, semble fortement engagé, au travers des différentes officines de l'Open Society, dans le financement de l'intrusion illégale massive, comme l'a rappelé son concitoyen le premier ministre hongrois Viktor Orbán.

Car là comme ailleurs l'argent est le nerf de la campagne, et les passeurs turcs ou ex-libyens ne sont pas des philanthropes désintéressés. Le père d'Aylan Kurdi n'était pas un passeur professionnel, il a dû accepter de conduire la barque moyennant une réduction du prix pour sa famille. Le 5 août, le magazine Info-Direkt a livré les conclusions d'une enquête du service de renseignement militaire autrichien, selon lesquelles des organisations étatsuniennes ont constitué des réseaux de cofinancement pour payer aux candidats à l'intrusion l'essentiel du voyage, qui selon la route peut coûter jusqu'à 14 000 euros. Une somme reste cependant à la charge des intéressés, pour s'assurer de leur motivation. Thierry Meyssan écrivit un mois plus tard que la somme moyenne réclamée par les passeurs turcs à leurs passagers était passée, en un an, de 10000 à 2000 dollars, ce qui laisse supposer que la différence leur est payée directement, sans passer par les mains des passagers (cela n'est certainement pas vrai pour les passeurs ex-libyens).

Certaines foules sont équipées en Europe de banderoles et autres instruments de démonstration publique, tandis qu'au niveau individuel de très nombreux intrus portent des téléphones portables dernier cri que beaucoup d'Européens ne pourraient s'offrir, avec cartes ou puces d'accès aux réseaux téléphoniques européens et option de réacheminement international des appels. Sans entrer dans le détail des prix des différents types de *smartphones* avec GPS et autres, on peut rappeler que le revenu annuel moyen par habitant était en 2014 de 550 dollars en Éthiopie, 680 en Afghanistan, 1080 au Bengale et 1400 au Pakistan occidental, et que dans ces pays dont les gens fuient la misère les priorités économiques sont plus alimentaires qu'électroniques. En tout cas, alors que tout ce que portent encore les Africains en arrivant en Tripolitaine et Cyrénaïque, ceintures comprises, est confisqué (volé) avant l'embarquement final, il semblerait que soit les Asiatiques arrivent en Turquie avec des appareils coûteux qui n'intéressent pas les trafiquants turcs d'êtres humains, soit, plus vraisemblablement, ils en sont au contraire équipés au moment d'être injectés en Europe. Certains les reçoivent peut-être même lorsqu'ils sont pris en mains par les réseaux d'embrigadement et d'animation, car d'après les Compagnies Républicaines de Sécurité qui ceignent la Nouvelle Jungle de Calais, c'est la totalité des intrus qui en est équipée, et d'appareils de dernière génération ; et on sait, par exemple, que les manœuvres dirigées par No Border sont coordonnées au moyen de ces *smartphones*. Or de toute façon, quelqu'un ou quelque chose paie pour ces appareils.

Un autre viatique qui a certainement un coût est la prime d'intrusion. Il s'agit d'une somme que les migrants n'ont pas encore sur eux en quittant les côtes turques (en général ils n'ont d'ailleurs guère plus que leurs vêtements et l'argent serait volé par les Turcs), et qu'ils ne perçoivent pas non plus en Grèce où ils ne font que passer. Sur le "corridor 10" de la partie non occupée de Serbie, les foules venues d'Asie sont rejointes par celles venant de la province de Kossovo et Métochie occupée par l'OTAN, qui ont constitué une partie importante des flux au deuxième semestre 2014, au point que les "autorités" islamistes de la province se plaignent que 10 % de la population (hommes jeunes évidemment) est alors partie vers l'ouest. La prime d'intrusion n'est donc perçue qu'au moment d'entrer définitivement dans l'espace Schengen, c'est-à-dire dans la dernière ville de Serbie à quelques kilomètres de la frontière hongroise, à savoir Subotica. Là, des queues de plusieurs centaines de mètres se formaient pour retirer individuellement un montant reçu par mandat électronique d'une fameuse entreprise financière étatsunienne (dont le service de mandat n'est d'ailleurs par donné) et qui, d'après les employées du bureau de poste, s'élevait à 1000 ou 1500 euros selon les cas. Quant à eux, les habitants de cette localité n'avaient pratiquement plus accès à leur bureau de poste *de facto* réquisitionné pour cette opération, et les employées débordées demandaient du renfort. Depuis la fermeture de la frontière hongroise le 16 septembre, il est vraisemblable que les mêmes scènes se répètent à Šid, avant l'entrée en Croatie.

Cette prime d'intrusion rappelle une pratique de l'après-guerre de Bosnie et Herzégovine, quand les Turcs de Bosnie recevaient une allocation mensuelle de retour pour les inciter à reprendre pied dans les villes et villages dont ils avaient été chassés ou s'étaient enfuis au début de la guerre (période des regroupements communautaires). Elle était attribuée à tous les revenants[39] mais proposée premièrement à ceux qui retournaient là où leur implantation revêtait une importance stratégique, à savoir les goulets d'étranglement de toutes les excroissances

---

[39] et rendait amers les Musulmans qui étaient restés ou venus se réfugier en République Serbe (de Bosnie) pendant la guerre

géographiques de la Republika Srpska, ainsi en cas de reprise des hostilités leur soulèvement isolerait des portions de territoire chrétien se retrouvant de ce fait enclavées. Les autorités municipales serbes qui se croyaient obligées d'accepter les retours, pensant que leur collaboration leur vaudrait un rééquilibrage de la répartition 3 % - 97 % de l'aide internationale d'après-guerre, acceptaient même de concéder des lieux-dits, collines et vallons où il n'y avait pas de présence turque au recensement de 1991, n'ayant pas sous les yeux la carte globale très éloquente qui leur aurait permis de comprendre la manœuvre. Cette allocation de retour était sauf erreur de 50 dollars, donc supérieure au salaire moyen en Srpska, ou équivalente au tiers du salaire moyen dans la Fédération de dix cantons, et suffisamment importante pour permettre de vivre sans travailler (il n'y avait pas de travail en Srpska), quitte à ce que les allocataires commençassent à retourner seuls pour voir comment ça se passait et faire venir leur famille ultérieurement. Versée par la république islamique (Fédération), cette allocation était offerte par des pays musulmans comme la Malaisie, l'Iran et bien sûr l'Arabie Séoudite.

Sachant qu'aujourd'hui les moudjahidines (mercenaires) envoyés en Syrie reçoivent un salaire mensuel dès leur arrivée dans les camps d'entraînement turcs, fourni par le Qatar ou l'Arabie selon la faction (Armée Syrienne Libre, Front Al Nosra, État Islamique en Irak et au Levant…), il ne serait pas surprenant qu'existe un salaire du migrant, versé peut-être directement à la famille restée au pays, tant pour des raisons de discrétion en Europe que d'entretien des flux de candidats en Asie (de la même manière que les expatriés des grandes entreprises reçoivent leur fixe sur leur compte habituel). Les obligations coraniques sont claires, mais les incitations séoudies facilitent leur mise en application.

Mais même si ce n'est pas le cas, la comparaison entre le revenu annuel moyen des pays d'origine (qui n'est pas une épargne nette mais doit d'abord couvrir la vie courante) et le prix des passages vers l'Europe, indiqué ci-dessus, montre qu'il n'est pas possible qu'au déclenchement de l'inode tant de gens aient pu trouver en un court délai l'équivalent de plusieurs décennies ou au mieux plusieurs années d'épargne.

De toute évidence, il y a des instigateurs occultes derrière ce mouvement épique.

Les femmes et les enfants plus tard

Les intrus de 2015 sont des hommes.

En la matière, "vu à la télé" n'est plus un critère de véracité. Les médias n'ont pas montré ce qu'ils ont vu mais ce qu'ils voulaient faire voir, quitte à chercher le marginal et occulter l'essentiel, quitte même à mettre mensongèrement en scène comme on l'a vu dans certains cas.

Le mensonge généralisé de la presse révèle d'ailleurs un sérieux problème. Les millions de personnes qui comptaient jusqu'à présent sur la presse, qu'elle soit télévisée, écrite, parlée ou électronique, d'information ou d'investigation, de droite ou de gauche, doivent s'interroger sur les raisons et les conséquences du caractère totalement faux des informations diffusées. La cause pourrait en être l'incompétence, soit par manque de moyens comme dans certains pays du tiers-monde où l'on ne peut que copier ce qu'on a vu ailleurs, soit par manque d'intérêt comme aux États-Unis d'Amérique où l'ouverture ou la fermeture d'un centre commercial voisin intéresse plus que l'indépendance ou l'annexion d'un pays lointain. Une autre cause pourrait aussi bien être l'auto-censure en raison de l'assujettissement du pouvoir médiatique au pouvoir politique, comme sous certains régimes dictatoriaux ou simplement totalitaires, où la dissension d'opinion est interdite par *diktat* autocratique ou démocratique. Une autre cause enfin pourrait être le mensonge déterminé, qui signifierait que le quatrième pouvoir, celui d'information, a pris le pas sur les pouvoirs exécutif et législatif, pour lui-même ou pour un autre pouvoir (financier par exemple). Quoi qu'il en soit les conséquences pratiques sont évidemment plus graves qu'une simple dictature politique, parce que celle-ci s'exerce dans des frontières limitées et connues, en l'occurrence les limites physiques (territoriales et capacitaires) dans le cas de l'exécutif, et les limites de compétence (juridiction) dans le cas du législatif. En comparaison le pouvoir financier est très fluide et s'affranchit relativement facilement des frontières, tandis que le pouvoir informatif est encore plus dématérialisé et donc plus fluide, ignorant carrément ces mêmes frontières et pouvant donc être exercé depuis l'étranger et à une échelle internationale. Quant aux conséquences sociales et philosophiques, elles interpellent l'utilité et l'innocuité de la démocratie dans ces conditions, mais c'est un autre débat.

En l'occurrence, en 2015 on a systématiquement caché que des convois entiers n'étaient constitués que d'hommes, et qu'en face de certaines foules les journalistes initialement surpris, puis volontairement muets, ont préféré ne pas faire de photos. On a demandé aux foules de mettre les rares femmes et enfants au premier rang pour la photo, on a fermé les yeux sur les enfants traités comme des passeports et qui étaient condamnés à rester en un point de passage donné tandis que les adultes, vague après vague, les utilisaient pour se faire ouvrir (ou pour forcer) le passage puis les passaient aux rangs suivants. Après que le centre d'accueil de Bierset ait réussi, avec difficulté, à percer jusqu'à certains médias, on a redoublé d'effort pour étouffer les appels d'autres organisations charitables, débordées de vêtements puérils et féminins inutiles, à cesser d'en envoyer, et à acheminer d'urgence des vêtements pour hommes adultes. Faute de pouvoir les faire tous taire, on a isolé dans la non-retransmission les autorités internationales, publiques ou non gouvernementales, qui ont par honnêteté ou obligation donné des chiffres.

En Hongrie, principal corridor de passage en Europe pour les Asiatiques venus de Turquie, moins de 17 % des migrants passés en 2015 étaient des femmes ou des enfants, plus de 83 % étaient de jeunes hommes. Quand on leur demande où sont leurs familles, ceux qui répondent disent "à la maison", comme le faisait remarquer en octobre le maire Laszlo Toroczkai, dont la municipalité frontalière Ásotthalom se trouve aux premières loges.

Dans les camps de déplacés internes en Syrie, plusieurs reportages (comme par exemple celui de Bilal Abdul Kareem) font état du même sentiment d'abandon de la part des femmes laissées à elles-mêmes par les jeunes hommes fils, frères et surtout maris, partis tenter leur chance en Europe. Certaines disent que c'est une honte, que puisque c'est la guerre les jeunes devraient se battre mais que beaucoup fuient la conscription légale gouvernementale et d'autres (dans le nord) l'appel plus informel, mais tout autant moralement obligeant, de leur milice communautaire. En effet la seule force à avoir pu résister et sécuriser une province face aux légions étrangères islamistes recrutées par le Qatar et entraînées et armées par les pays de l'OTAN, en l'occurrence la milice kurde, est à peu près pour moitié composée de femmes, non par choix mais par nécessité, faute d'hommes partis chercher meilleure fortune en Europe. De même, lorsqu'en octobre, à la faveur de l'aide militaire enfin accordée à la Syrie par la Russie pour compenser celle apportée aux islamistes par les pays occidentaux, une milice assyrienne a commencé à s'organiser dans le nord-est de la Syrie, ses premières unités ont été essentiellement féminines. Chaque fois qu'elles étaient interrogées par des journalistes européens (ou encore par SOS Chrétiens d'Orient), des Syriennes suppliaient qu'on leur renvoie leurs hommes, et s'écriaient en pleurant que l'Europe n'a pas le droit de faire venir en masse tous les jeunes Syriens valides, qui manquent cruellement à leur pays mais aussi, premièrement, à leur famille.

En ce qui concerne les flux africains, plusieurs organisations internationales, de même que la marine italienne, ont fait état de taux de masculinité de l'ordre de 97 % : pratiquement tous les illégaux sont des hommes de moins de trente ans. La route plus dure et plus meurtrière y est peut-être pour quelque chose, mais aussi certainement une plus grande expérience de l'expatriation en Europe (et une meilleure connaissance de ses réalités) pour quelques années, pour y travailler et envoyer de l'argent au pays tant qu'on est célibataire. Car l'immigration d'Afrique subsaharienne, à l'exception de celle, nouvelle, venant de la Corne de l'Afrique, est dans l'ensemble mieux réfléchie et préparée, parfois des années durant, par des étudiants ou des jeunes récemment sortis du système éducatif (ce qui ne leur épargne pas de tomber dès le début de leur périple dans les griffes des négriers) ; ce n'est pas le même profil que les paysans inéduqués asiatiques (Pakistanais, Bengalis et Afghans) qui se jettent soudainement sur la route par groupes entiers sans avoir la moindre idée du mode de vie en Europe, simplement parce qu'un recruteur (souvent un imam) leur a fait miroiter le paradis et ses soixante-douze vierges.

Ce qui est entré illégalement et par effraction en 2015, c'est de l'ordre de deux millions de jeunes hommes "d'âge militaire", moins quelques centaines de milliers (une petite minorité du total) d'hommes d'âge plus mûr, de femmes et d'enfants.

Avant-garde sur tête de pont

Ce qui a fait illégalement intrusion en 2015 était une avant-garde. C'était la tête du chat.

La tête du chat, élément capital au sens propre, est celui déterminant. Elle n'est jamais mise en risque inutilement, lorsqu'elle passe c'est que l'animal sait où il va, et a raisonnablement estimé qu'il peut passer. Il reconnaît d'abord l'environnement par les yeux et autres sens. S'il a perçu un mouvement ou s'il pense qu'un recoin peut abriter un être, proie, ennemi ou simple jouet, il envoie la patte pour l'explorer. Qui n'a jamais vu un chat fourrer sa patte, au mépris de tout danger éventuel, dans un trou au sol ou une crevasse entre deux pierres ; il peut parfois en retirer quelque chose d'intéressant, ou rien et aller voir ailleurs, mais il peut aussi bien en retirer un serpent ou être piqué par un scorpion. Il ne sait donc pas à l'avance ce qui s'y trouve, mais il explore méthodiquement, sa patte s'excitant assez pour provoquer une réaction défensive violente de l'animal qui s'y trouverait ; il peut être piqué ou mordu, mais ce n'est que sa patte, et à la fin de l'opération il sait ce qu'il y avait dans le trou, ou qu'il n'y avait rien. Les yeux (le flair et les oreilles pareillement) du chat sont sa fonction renseignement, la patte est la fonction reconnaissance, la tête est, hormis le siège de la vigilance, un élément de sûreté : un chat qui dort dans une niche, un carton ou un recoin aura toujours la tête dirigée vers l'extérieur.

En termes militaires, l'avant-garde est justement une formation de sécurité, comme les flancs-gardes et l'arrière-garde, c'est-à-dire de couverture face à toute éventuelle surprise, et à ce titre elle garde les dispositions de combat. Mais elle fait partie du gros des troupes, dont elle s'est simplement détachée vers l'avant (parfois à titre de rotation). Sa fonction n'est pas celle d'un petit élément de reconnaissance très mobile qui explore, cherche une voie, puis fait marche arrière en évitant l'engagement avec l'adversaire et cherche ensuite une autre voie jusqu'à détermination de la meilleure. Lorsque l'avant-garde s'engage quelque part le gros suit juste derrière. On parle d'ailleurs d'avant-garde essentiellement dans un mouvement non offensif (un simple déplacement), et la présence de cette avant-garde, comme d'éventuelles flancs-gardes et de l'arrière-garde, permet au gros du dispositif de progresser de manière plus décontractée voire selon un dispositif de déplacement sans dispositions de combat. Dans une opération offensive ou une marche à l'ennemi c'est l'ensemble des forces qui est prêt au combat, même s'il est éventuellement sérié en deux ou, plus rarement (cas d'un front étroit), trois échelons. Mais lorsque le contexte du déplacement a quelque chance d'être paisible, l'avant-garde est immédiatement suivie du gros, voire éventuellement d'un "ventre mou", par exemple dans les caravanes de nomades ou les transhumances tribales saisonnières incluant des femmes et des enfants[40].

---

[40] comme en Amérique du Nord, où au début du XVII° siècle des peuples agricoles sédentaires, trop vite séduits par les facilités offertes par le fusil français et le cheval d'origine espagnole, sont revenus au stade de chasseurs nomades, abandonnant fatalement leurs villages en dur pour poursuivre toute l'année, sous les tentes autrefois saisonnières de leurs chasseurs, les troupeaux de bisons dans les grandes étendues semi-désertiques à l'ouest des pays anciennement cultivés, ce qui rappelle opportunément que l'Histoire n'est pas nécessairement un progrès à sens unique, et que la civilisation peut régresser en perdant ici l'agriculture, là l'écriture et ailleurs les valeurs collectives

Pour revenir à cette avant-garde migratoire vers l'Europe en 2015, des reconnaissances avaient eu lieu antérieurement, tant sur le plan des itinéraires et procédures de progression, que sur le plan des aides locales à activer en chemin et évidemment de l'adversité susceptible d'être rencontrée en face (effectifs, moyens, détermination et surtout mission reçue), comme en attestent les guides imprimés de l'immigration illégale. Ces reconnaissances avaient donné lieu aux prises de décision et corrections de brouillons initiaux nécessaires, par un décideur et coordinateur qui doit exister quelque part.

Après ces éléments de reconnaissance et d'éclairage, le gros du dispositif s'est mis en mouvement, et l'avant-garde est bien passée en 2015. Or c'est bien connu, là où un chat a passé la tête, le corps entier passera aussi.

Toujours en terminologie militaire, on parle de tête de pont lorsqu'on a réussi à prendre pied sur l'autre rive. C'est une étape importante, car jusque-là on ne fait que lancer des tentatives offensives par-dessus la coupure ou la voie d'eau mais on ne peut qu'appuyer à distance les tentatives de traversée, qui sont des coups de main ou raids en territoire ennemi (compliqués par l'existence de cette coupure physique), et peuvent s'effectuer sous le feu adverse. Dès lors qu'on a réussi à établir un point d'appui, aussi réduit soit-il, de l'autre côté, la traversée s'effectue entièrement en territoire ami ou sécurisé, un feu ou dispositif de couverture pouvant même être installé sur la nouvelle rive pour en tenir l'ennemi à distance, et le mouvement de traversée s'en trouve simplifié du fait de ne plus être un assaut mais un simple déplacement plus ou moins couvert. L'établissement d'une tête de pont est un effet majeur à réaliser, car il transforme le tremplin ou plongeoir en passerelle.

2016 verra arriver le gros des masses en mouvement, à une toute autre échelle que l'avant-garde de 2015. L'appel d'air, visible de loin, que créera ce mouvement, aspirera inévitablement de nouvelles masses pour 2017, et le cône d'aspiration s'étendra vers l'est et le nord, au-delà de l'espace arabo-persan et de l'Indus, et vers le sud, au-delà du Sahel et de la corne de l'Afrique.

6 – Guerre

Intrusion invasive

Il paraît qu'il est politiquement incorrect et humainement insultant de prononcer le mot d'invasion, même dans un cas manifeste d'intrusion illégale massive à caractère inondatoire et sans esprit de sortie.

Une invasion, dans l'esprit de beaucoup, c'est une opération militaire de prise de contrôle d'un pays. L'idée n'est pas fausse, mais elle est incomplète.

Une opération militaire n'est pas un but en soi, elle est le moyen d'une stratégie au service d'une politique. Pour mettre en œuvre sa politique un gouvernement utilise la force armée pour neutraliser celle de l'adversaire. Il envoie d'abord l'armée pour forcer les défenses adverses, conquérir et prendre le contrôle du pays, mais tout cela a une finalité non militaire, qui peut être par exemple la prise de gages ponctuels (points-clefs d'importance stratégique) pour un échange ultérieur (territorial ou politique), une occupation provisoire pour forcer la main du gouvernement adverse (paiement d'une dette ou d'une rançon) ou pour repousser ses forces (démilitarisation d'une zone-tampon), voire une annexion définitive. Mais en réalité c'est parce que l'ennemi a des forces défensives que l'invasion commence par une conquête militaire. Dans certains cas la victoire stratégique peut même se passer d'incursion militaire. Ainsi en 1999 les pays de l'Alliance Atlantique ont obtenu la capitulation du gouvernement de la dernière Yougoslavie (Serbie et Monténégro) au moyen des bombardements stratégiques sur la capitale Belgrade et des massacres aveugles[41] de la population de Kossovo et Métochie, et puisque le gouvernement a fini par retirer son armée de cette province sans combat (d'ailleurs indemne), l'Alliance aurait pu livrer cette dernière aux islamistes albanais sans même y faire entrer ses propres troupes, qui avaient conduit lesdits bombardements à distance depuis les pays voisins. La même issue peut dans certains cas être obtenue par la simple menace de bombardements intensifs (nucléaires par exemple) faisant l'économie de leur mise à exécution mais arrivant au même résultat d'une reddition et de la remise du territoire convoité. Il est parfois arrivé que la France, en querelle avec le Saint-Siège, annexât par une décision du Parlement d'Aix[42] les États pontificaux enclavés entre la Provence, la Principauté d'Orange et le Dauphiné, sans faire manœuvrer le moindre régiment puisque la situation enclavée de ces États interdisait à la papauté d'y acheminer des renforts. Pour résumer, c'est en raison de la présence et de la détermination de forces défensives qu'une invasion commence généralement par une conquête militaire.

Parfois aussi, comme au XIX° siècle dans l'ouest étatsunien, le sud argentin ou l'est de l'Afrique australe (ou deux siècles plus tôt dans l'ouest de la Nouvelle-France), la conquête et l'occupation militaires ne précèdent pas la colonisation de peuplement mais la suivent. Le mouvement commence à l'initiative de pionniers qui vont s'installer au-

---

[41] certes pas tous puisqu'on visait particulièrement les convois de déplacés rentrant au village

[42] l'État central royal d'alors étant bien moins puissant que l'exécutif républicain d'aujourd'hui

delà des territoires administrés, et ce n'est qu'en cas de difficultés avec les primo-occupants que le gouvernement se voit obligé d'envoyer l'armée, non pas en opération de conquête territoriale (superflue si aucun voisin n'y a de prétentions) mais en installant quelques places-fortes comme refuge pour les colons lors d'éventuels raids indigènes contre les nouveaux établissements, et en disséminant quelques garnisons pour poursuivre et réduire les auteurs de ces raids. Même si l'annexion complète a pu être proclamée (si elle l'est) depuis longtemps, l'occupation progresse alors graduellement, le gouvernement n'envoyant pas immédiatement ses troupes à l'autre bout du nouveau ou futur territoire (pour des questions logistiques) mais au fur et à mesure de la colonisation civile, qui elle-même ne s'éloigne jamais trop rapidement de son accompagnement militaire. Ce sont dans ce cas les escarmouches postérieures à la colonisation civile qui justifient l'intervention militaire, que l'invasion en elle-même n'avait pas nécessitée puisqu'il n'y avait pas de forces défensives organisées en face.

Parfois enfin une invasion de grande ampleur, tant en termes de territoire conquis que d'effectif de conquérants, peut être menée sans le moindre soutien militaire, justement parce qu'il n'y a pas d'armée en face, soit qu'elle n'existe pas soit qu'elle soit occupée ou défaite ailleurs. Le plus spectaculaire exemple moderne d'une opération de ce type, préparée en deux semaines et conduite en quelques heures, sans arme (hormis une petite couverture latérale face à un pays tiers), sans effusion de sang et en personne par un chef d'État charismatique, est la Marche verte du 6 novembre 1975.

L'invasion est l'entrée d'une masse déterminante de personnes étrangères à un territoire, la conquête militaire n'en est que le moyen lorsque le territoire convoité (ou son souverain extérieur) s'y oppose par une défense armée.

D'ailleurs, parmi les trois sens qu'elle a donnés en 1986 au mot invasion[43], l'Académie française a mentionné au sens propre et premier, après l'irruption militaire, la définition "*pénétration massive, migration de peuples en quête de territoires nouveaux*".

C'est bien à cela qu'on assiste. D'ailleurs, le 25 septembre 2015 le conseiller d'État Jacques Attali a déclaré à la télévision que l'actuel "afflux de réfugiés" était une invasion qui serait aussi bénéfique que les invasions romaine et franque.

La Sublime déporte

Il est impossible d'étudier l'art aux XV° et XVI° siècles sans parler de Florence et Venise. Il est impossible d'évoquer la science aux XVIII° et XIX° siècles sans parler de la France. Il est impossible d'aborder l'économie au XX° siècle sans parler des États-Unis d'Amérique. Et il est impossible d'examiner la colonisation asiatique de l'Europe au XXI° siècle sans parler de la Turquie.

L'affaire n'est pas nouvelle. En septembre 2009, la Turquie a menacé d'abattre un hélicoptère Agusta A109 qui volait dans l'espace aérien grec, le sommant de s'éloigner de l'île (grecque) de Farmakonissi, l'une des routes favorites des trafiquants turcs d'êtres humains. L'équipage letton a rendu compte tant aux autorités aériennes grecques qu'à son propre employeur, en l'occurrence l'Agence européenne pour la gestion de la coopération opérationnelle aux frontières extérieures des États membres de l'Union

---

[43] le deuxième étant au figuré et le troisième un terme de médecine

européenne (dite en abrégé agence Frontex), qui lui a ordonné de poursuivre sa mission. L'armée de l'air turque a alors accusé l'hélicoptère d'avoir violé l'espace aérien turc, ce que Frontex, après vérification des enregistrements radars, a formellement démenti. Puis Frontex prit des photographies de patrouilleurs et garde-côtes de la marine turque escortant des esquifs surchargés de migrants clandestins jusque dans les eaux territoriales grecques, raison manifeste pour laquelle la Turquie avait tenté, par ces accusations et menaces, d'éloigner les moyens d'observation de Frontex. Ces photos furent incorporées à un rapport écrit présentant en détail les agissements régulièrement constatés de la marine turque, qui fut remis par Frontex à la Commission européenne, laquelle décida d'étouffer l'affaire. Un mois plus tard un incident similaire eut lieu au large des côtes de l'île de Lesbos, dans les eaux grecques. Puis de nouveau le 20 novembre 2009, l'état-major turc diffusa un communiqué de presse prétendant qu'un avion letton Let L-410 UVP appartenant à Frontex et en mission autour de l'île de Kos avait violé l'espace aérien de la Turquie (ce que Frontex démentit une fois de plus), laissant entendre que l'armée de l'air turque devrait protéger les eaux turques en abattant tout futur contrevenant.

Les pilotes n'ont pu que réduire leurs missions, étant directement menacés chaque fois qu'ils s'approchaient des garde-côtes turcs escortant des immigrants illégaux en Grèce. Six ans plus tard, à la lueur de la destruction en Syrie, ordonnée par le gouvernement turc à son armée de l'air dès le début de l'intervention russe, d'un bombardier russe participant aux attaques contre les convois de camions turcs emportant le pétrole volé à la Syrie, ainsi que de l'assassinat sauvage de son pilote par les Loups Gris turcs, l'avertissement aux agents de Frontex acquiert une redoutable crédibilité.

Hormis le lendemain et le surlendemain de la descente du bombardier russe en Syrie, où la Turquie semblait s'attendre à des représailles dans l'espace aérien de la Grèce, elle viole ce dernier tous les jours, parfois en des formations compactes de l'ordre de l'escadron (le 27 octobre 2015 l'armée de l'air grecque a enregistré vingt avions turcs). Sur les 1306 violations de l'espace aérien grec commises par l'armée de l'air turque de janvier à août 2015 (soit cinq à six violations par jour), "seulement" vingt-huit vols (un tous les huit jours) ont eu lieu au-dessus du territoire terrestre, l'essentiel ayant lieu dans l'espace aérien des îles, en mer Égée. Là il ne s'agit pas d'écarts officiellement dénoncés (bien que démentis par les enregistrements radar) de quarante-cinq secondes, accidentellement et sur la ligne frontalière, de la part d'avions clairement identifiés avec un plan de vol communiqué à l'avance[44]. Ces incursions quotidiennes, récurrentes, dans la profondeur et non annoncées ressemblent plutôt à une couverture aérienne du transfert de populations, par le biais d'une occupation de l'espace aérien de la Grèce dans lequel tant l'armée de l'air grecque que les outils d'observation européens ne peuvent s'aventurer au risque d'un, au mieux, "incident".

Fabrice Leggeri, directeur de l'agence Frontex, a révélé le 1er septembre 2015 la distribution (payante) à grande échelle, en Turquie, de faux passeports syriens destinés à faciliter l'obtention du statut de réfugié dans l'Union européenne par des gens ne relevant pas de ce statut. Dix jours plus tard le journaliste Harald Doornbos a testé le système en obtenant en Turquie, en moins de quarante-huit heures, un faux passeport syrien au nom de

---

[44] comme l'avion russe abattu en Syrie par la Turquie avec l'approbation consécutive, et probablement préalable, de l'OTAN

Malek Ramadan avec une photo du premier ministre néerlandais Mark Rutte. Au même moment les douanes allemandes saisissaient des colis de faux passeports syriens, expédiés de Turquie pour être vendus en Allemagne. Avant même les attentats du 13 novembre à Paris, on savait qu'une grande partie des passeports syriens sont faux, et portés par des gens n'ayant jamais séjourné en Syrie et ne parlant pas un mot d'arabe, ce qui serait pourtant facile à contrôler aux frontières de l'espace Schengen.

Françoise Orcay, consul honoraire de France à Bodrum vendant ouvertement des canots pneumatiques, gilets de flottaison et conseils pratiques pour l'infiltration clandestine en Grèce, a expliqué aux journalistes de France 2 (ce qui lui a valu sa suspension) qu'en réalité toutes les autorités et administrations locales turques participent à ce trafic. Il est évident en tout cas qu'elles se gardent de réprimer le trafic de personnes et l'incitation à l'immigration illégale, et qu'elles protègent le commerce des moyens matériels de cette infraction commise à grande échelle, instrumentalisant ainsi la petite initiative privée pour une agression caractérisée envers un État voisin.

Comme l'ont montré un certain nombre de journalistes occidentaux ou proche-orientaux, tout le sud de la Turquie s'est converti à cette activité, déclinée en diverses branches comme le transport terrestre, la restauration, le conseil, l'équipement pour la traversée etc. Deux usines ont été installées dans cette région pour l'assemblage local des canots pneumatiques jetables bon marché (sauf pour les passagers) conçus spécialement pour un usage unique de quelques heures et commandés en Chine, d'où ils arrivent en kits par conteneurs entiers. Il ne s'agit absolument pas d'activités nocturnes et clandestines d'arrière-boutique, puisque des villes entières ont changé de visage, comme il suffit d'en parcourir les rues commerçantes (ou les rivages avoisinants) pour s'en apercevoir, et l'accélération depuis un an de cette activité très florissante a considérablement changé le mode de vie, et le pouvoir d'achat, de la population sudiste et côtière largement reconvertie sur ce marché porteur. Le conditionnement et l'introduction de populations asiatiques en Europe est devenu l'activité économique principale du sud-est de la Turquie, devançant le tourisme et l'agriculture.

C'est à Bodrum que le corps du petit Aylan Kurdi est revenu le 2 septembre à son point d'embarquement de la veille, six semaines après le début des bombardements (initiés le 23 juillet) de l'armée de l'air turque sur sa ville de Kobané, en Syrie.

Le lendemain même, retournant habilement et spectaculairement la situation, le président turc Recep Tayyip Erdoğan eut l'effronterie, retournant au passage l'adresse du pape François au Parlement européen le 25 novembre 2014, d'accuser les pays européens d'avoir *"transformé la Méditerranée en un cimetière de migrants"*. Ce discours cynique et magistral restera dans l'Histoire puisqu'aucun politicien européen ne jugea nécessaire de répondre qu'Aylan Kurdi, chassé de sa ville syrienne par les bombardements turcs, transporté à prix d'or par les passeurs turcs, privé du statut de réfugié (et de la protection qu'il garantit) par l'administration turque et expulsé par les fonctionnaires turcs, embarqué par des trafiquants turcs sur un rafiot vendu à prix d'or par des commerçants turcs, repoussé au large d'une plage turque, et vraisemblablement escorté par la marine turque, n'était ni le sujet citoyen ni l'objet de responsabilité de la part du moindre pays européen, alors qu'il était indéniablement sous la responsabilité de la Turquie, comme réfugié au sens des engagements internationaux pris par ce pays. Le président Erdoğan déclara aussi que la Turquie poursuivait une politique de porte ouverte, ce qui, vers l'ouest du moins, était manifeste. Pour leur part les grands journaux européens ont rivalisé d'appels larmoyants ou impérieux à l'ouverture inconditionnelle des frontières européennes, et, comme on l'anticipait le 4 septembre[45], aucun n'a diffusé le moindre appel à la diplomatie, aux sanctions ou à l'intervention musclée pour obliger la Turquie à interrompre son agression contre la Syrie. Pour la petite histoire et s'il fallait absolument que cette affaire ne fût pas exclusivement asiatique, cette famille ne voulait passer d'Asie en Europe que pour mieux partir en Amérique, où l'attendait une tante d'Aylan, qui avait obtenu les cinq parrainages et garanties financières distinctes que le Canada exige dans ce genre de cas mais qui ne suffisait pas à l'administration turque, plus prompte à déporter illégalement des familles en Europe qu'à les laisser partir légalement en Amérique. La Turquie ne reconnaît pas le statut de réfugié garanti par les conventions internationales et ne leur accorde ni titre de séjour temporaire ni autorisation de travail, les forçant au travail clandestin exploité ou à l'achat à prix fort des viatiques pour la Grèce.

Selon des témoignages recueillis par Border Monitoring, en fonction de l'engorgement des routes côtières l'armée turque ferme périodiquement les routes descendant de la montagne (par des barrages filtrants et un déploiement hors routes), retenant ainsi les caravanes de migrants coincées pendant des jours dans la montagne, puis se retire pour les laisser passer lorsque l'offre de passages redevient supérieure à la demande, afin de réguler ainsi le flux.

Le 4 octobre à Strasbourg le président Erdoğan a, parmi d'autres appels à l'unité musulmane (et au refus de l'intégration) en Europe au nom de la "*véritable*

---

[45] www.stratediplo.blogspot.com/2015/09/noye-sur-une-plage-dasie-en-partant.html

civilisation" héroïquement portée par la Turquie, fait un parallèle entre l'époque actuelle et 1915[46] quand la Turquie "*luttait contre toutes les puissances européennes*", et aussi 1453 quand elle conquit Constantinople. Sa déclaration avait des accents d'aveu ou de proclamation d'état de guerre...

Tôt le 16 octobre, tandis qu'était réuni un Conseil européen de chefs d'État et de gouvernement pour étudier, ou plus exactement avaler, l'accord proposé par la Commission européenne à la Turquie, un accrochage fit (par coïncidence ou pour l'intimidation) un mort à la frontière turco-bulgare, ou plus exactement en Bulgarie, près de Sredets, suite à une incursion transfrontalière venue de Turquie. Cinquante-quatre hommes, soit une demi-compagnie, ne portant en majorité que des armes blanches, se sont infiltrés illégalement, nuitamment et par effraction (en perçant une clôture frontalière) dans le pays voisin pour y attaquer un simple trinôme de policiers, ce qui ne pouvait que tourner au drame et ressemble moins à un accident qu'à une provocation, certainement destinée à faire tuer un malheureux migrant par un garde-frontière armé afin de frapper une fois de plus les consciences. En tout cas, à en juger par la vigueur des condamnations uniopéennes et atlantistes d'un écart de quarante-cinq secondes, par temps d'orage et apparemment involontaire (voire inventé), d'un avion russe dans l'espace aérien turc, cette incursion paramilitaire turque caractérisée en Bulgarie était un cas de guerre.

Le commando était composé d'Afghans, néanmoins quand bien même la Turquie prétendît qu'ils n'étaient pas des mercenaires mais des touristes, des migrants illégaux

---

[46] année que les descendants des survivants du génocide des Grecs, Arméniens et Assyriens n'oublieront jamais

invités en Allemagne ou toute autre chose, elle est responsable du maintien de l'ordre sur son territoire, du respect des frontières avec ses voisins et des agissements des formations paramilitaires et des bandes armées ou non qui lancent de son territoire des agressions ou incursions vers les pays voisins. Parmi ses voisins immédiats elle a justement l'exemple d'un pays dans lequel plusieurs dizaines de puissances étrangères mènent ouvertement des opérations militaires sous le prétexte que le gouvernement dudit pays ne contrôle pas l'intégralité de son territoire et que des bandes armées s'y seraient réfugiées... bien que, petite nuance, elles n'en profitent pas pour lancer des incursions vers les voisins. Or, contrairement à la Syrie, la Turquie n'est pas le théâtre d'une guerre prétendument civile imposée de l'extérieur, et elle a l'entier contrôle de son territoire et de ses frontières. Si le coup de main a été mené sans couverture arrière c'est justement parce que ces infiltrés considéraient le territoire d'où ils venaient comme sûr. Mais la Bulgarie l'ignorait et aurait pu, au titre du droit de poursuite, envoyer une compagnie ratisser la portion de territoire turc d'où avait été lancé ce raid, et tomber à l'occasion sur les unités frontalières de son puissant voisin qui ne laisserait certainement pas un groupe de plusieurs dizaines d'hommes entrer aussi facilement qu'elle avait laissé sortir celui-là.

Puisque l'Union européenne n'a pas jugé bon de condamner fermement la Turquie pour cette opération, et que l'OTAN semble avoir dissuadé la Bulgarie d'interpeller le Conseil de sécurité de l'ONU pour menace à la paix internationale, il semble urgent que les pays libérés de l'occupation turque il y a un siècle (Bulgarie) ou deux (Grèce) déploient de vraies forces le long de cette frontière désormais systématiquement violée par leur voisin oriental : barbelés et pancartes ne suffisent manifestement pas.

Par ailleurs la Turquie refuse la protection due aux réfugiés, et opprime les autres immigrés en général, afin de les pousser vers l'Europe. Si elle a, à l'automne 2015, brandi devant l'Union européenne ses deux millions de Syriens, elle n'a pas mentionné ce que constatent tous les visiteurs de Thrace orientale, à savoir que des dizaines de milliers de mères de familles syriennes sont obligées de se prostituer pour sauver leurs enfants (dont de grands nombres mendient aux carrefours), et ce que savent tous les hommes un peu aisés d'Ankara, à savoir que de très nombreuses familles syriennes sont obligées de vendre leurs filles mineures en mariage pour nourrir leurs garçons.

La Turquie viole la Convention de Genève du 28 juillet 1951 relative au statut des réfugiés (qu'elle a signée et ratifiée) en n'accordant pas ce statut à ceux qui répondent pourtant aux critères de la convention, qui se voient ainsi refuser tout titre de séjour, toute autorisation de travailler (légalement) et toute possibilité de scolariser deux tiers de leurs enfants (400 000 non scolarisés), hormis ceux qui se trouvent dans les camps d'accueil gérés et photographiés par des organisations étrangères. Le pays ne leur ferme pas sa frontière, il les laisse entrer pour les exploiter. Dans son rapport *"Europe's gatekeeper - unlawful detention and deportation of refugees from Turkey"* publié à la mi-décembre, qui tente de blâmer indirectement l'Union européenne, Amnesty International liste abondamment les multiples catégories de violations commises par les autorités turques envers les réfugiés, et dont la pire n'est certainement pas le renvoi de force en Syrie ou en Irak : arrestations arbitraires, déportations sur des critères inconnus, détentions au secret pendant des semaines ou des mois, abus physiques… les méthodes de Midnight Express ne sont plus réservées aux malfaiteurs. Des fonctionnaires uniopéens en poste à Ankara ont confié aux enquêteurs d'Amnesty International que les six centres d'accueil ouvert financés par l'Union européenne dans le cadre du plan d'action bilatéral seraient en fait des centres de détention.

La Turquie ne se prive pas de demander des fonds à l'Union européenne, d'après le discours des autorités communautaires pour endiguer les flots d'intrus (d'après les observations peut-être au contraire pour les augmenter), or la première exigence que devraient présenter tant la Commission européenne que le Haut-Commissariat de l'ONU pour les Réfugiés et le Conseil de l'Europe devrait être l'application immédiate et intégrale, par la Turquie, de la Convention de Genève de 1951 sur les réfugiés.

Mais les personnes fuyant la Syrie et l'Irak, et auxquelles le Haut-Commissariat de l'ONU pour les Réfugiés comme les autorités européennes reconnaissent le caractère de réfugié (et dont un bon nombre préféreraient rester en Turquie si elles y étaient correctement traitées), ne sont qu'une petite fraction de ces masses de "migrants" asiatiques que la Turquie laisse entrer par ses frontières orientales pour les propulser, sans omettre de leur facturer le viatique, à travers ses frontières occidentales. Les chiffres de 2015 le montrent clairement par rapport à ceux de 2014, l'intrusion illégale massive en Europe vient désormais essentiellement de Turquie.

Résolution 2240

Le 9 octobre 2015 le Conseil de sécurité de l'Organisation des Nations Unies a reconnu qu'une guerre était menée contre l'Union européenne.

Il est à noter que la résolution 2240, introduite par le Royaume-Uni, a été prise par quatorze voix pour et aucune contre, un seul pays s'étant abstenu (le Vénézuéla). Son objectif affiché est de mettre un terme au trafic de migrants et à la traite d'êtres humains en direction de l'Europe. La champ d'application géographique de cette résolution est circonstanciellement limité à la Méditerranée méridionale et centrale car ce n'est que pour utiliser la force près des eaux territoriales ex-libyennes que les membres de l'Union européenne ont demandé l'autorisation de l'ONU, spécifiquement limitée à cette zone.

Pour mémoire les pays demandeurs de cette autorisation sont, pour l'essentiel, les mêmes qui en 2011, sans autorisation de l'ONU (la résolution 1973 du Conseil de sécurité n'autorisait que l'imposition d'un régime d'exclusion aérienne), ont attaqué la Libye, l'ont envahie et ont détruit son État[47], sans se soucier d'y tuer un nombre inconnu de civils innocents. On pourrait donc s'étonner que ces pays aient ressenti le besoin d'une autorisation administrative pour secourir des naufragés ou des victimes de la traite humaine dans les eaux internationales, ce qui est non seulement un droit mais même un devoir reconnu par les pays civilisés plusieurs siècles avant la fondation de l'ONU. On aurait des difficultés à croire que cette autorisation leur a paru nécessaire au cas où ils devraient pour ce faire empiéter sur les eaux territoriales d'un pays détruit qui n'y exerce plus sa souveraineté, et qui n'a d'ailleurs plus de gouvernement (ou en a plusieurs rivaux et impotents ce qui revient *in fine* au même), puisque justement ils s'interdisent d'emblée d'intervenir dans ces eaux territoriales.

---

[47] pour lui voler l'or qui, dernier cas au monde avec celui de la Suisse (qui serait réglé par l'ultimatum étatsunien du 31 août 2011), servait de garantie à la monnaie du pays le plus développé et égalitaire d'Afrique et allait soutenir la future monnaie unique africaine gênante pour le dollar hyper-surévalué

On aurait aussi de quoi s'étonner que cette autorisation ait été demandée là où le problème était le moins criant. D'une part, pour le peu qu'on en sache (l'armée algérienne ne sortant pas de la portion de Sahara offerte par le colonel de Gaulle en cadeau d'émancipation), les convois négriers sèment certainement plus de morts dans les sables sahariens que sur les flots méditerranéens. D'autre part et surtout, le trafic de migrants et la traite d'êtres humains venant du sud (Cyrénaïque et Tripolitaine) ne représente qu'une petite portion du total, relativement stable en valeur absolue et décroissante en proportion, en comparaison du trafic et de la traite venant de l'Est (Turquie) qui, elle, est croissante en proportion car en augmentation explosive en valeur absolue. En l'occurrence en 2014 cinq illégaux sur six avaient été débarqués en Italie, alors qu'en 2015 plus de quatre sur cinq ont été débarqués en Grèce. Or c'est justement à l'Est qu'une coercition supranationale serait nécessaire puisqu'il y a en face un État constitué, militairement puissant, bien présent dans ses eaux territoriales et même dans celles de son vis-à-vis occidental[48].

Contrairement à l'autre façade où aucune autorité n'est en mesure ni de gêner les trafiquants ni de s'opposer aux sauveteurs, la façade orientale dispose d'une autorité centrale et forte qui suscite, protège, rançonne, instrumentalise et, selon toutes les apparences, organise l'intrusion illégale massive. Ce ne sont pas de vains mots, elle suscite le mouvement vers l'ouest en refusant chez elle le statut de réfugié aux Syriens chassés de chez eux par les exactions commises par son armée et ses supplétifs, elle protège ce mouvement en allant jusqu'à faire escorter les

---

[48] sans compter son occupation militaire d'un pays membre de l'Union européenne

trafiquants par ses garde-côtes, elle le rançonne en lui vendant radeaux et gilets de sauvetage, elle l'instrumentalise en l'utilisant comme monnaie de chantage contre l'Union européenne, et elle l'organise en lui distribuant guides de route et faux passeports. C'est là qu'une action est nécessaire, c'est là qu'une intimation de la prétendue "communauté internationale" pourrait avoir un effet, c'est là qu'une couverture juridique internationale serait utile à une opération de sauvetage maritime au plus près des côtes de départ. C'est là, enfin, que les pays de l'Union européenne sont menacés par une grande puissance qui a déclenché une véritable guerre, contre laquelle ils doivent mettre en œuvre une solide stratégie de défense interétatique et pas une petite opération de maintien de l'ordre visant quelques centaines de bandits. Sur ce point l'ONU ne s'est pas trompée, on y revient un peu plus bas.

La vérité, c'est qu'il semble bien que tout cela n'ait été qu'une opération de communication en direction de ce qu'il reste d'opinion publique européenne, et qu'on s'attend d'ailleurs à voir un ineffable porteur de sac de riz[49] venir en personne jeter à l'eau une rutilante bouée de sauvetage devant les caméras. On sait bien que ce type de projet de résolution est préparé à plusieurs, et on devine qu'il a été introduit par le Royaume-Uni parce que c'est, dans le calendrier, le premier pays susceptible de voir la politique uniopéiste et submergiste de son gouvernement sanctionnée par un referendum contraignant de rétablissement de la souveraineté. C'est aussi un pays où, compte tenu de la concentration visible et statique en un seul point (Calais) des troupes de la Nouvelle Jungle cherchant à forcer l'entrée (alors que sur les frontières continentales elles sont plus dispersées et mobiles), ainsi que des agressions que

---

[49] et protecteur de trafiquants d'organes prélevés *in vivo*

rapportent les camionneurs, la population peut avoir une plus claire perception tant de la menace que de la possibilité de la contrer. Mais ce pays-là ne dérange pourtant pas le directoire mondial chaque fois qu'il envoie une frégate solitaire quelque part, participation aussi symbolique que les autres hormis celle de l'Italie qui n'avait pas attendu l'ONU pour lancer, en octobre 2013, son opération Mare Nostrum.

La demande d'autorisation de l'ONU montre que l'on fait quelque chose, même si l'attente de cette autorisation permet de justifier un report de six mois, scandaleux si la motivation était réellement de sauver des vies (on sait agir plus vite quand le propos est d'attaquer un pays tiers). Face à quelques bandes de négriers improvisés on se saisit avec grandiloquence au plus haut niveau, on profère des déclamations de fermeté, on coordonne des réunions de planification partagée de la coordination mutuelle de futures conférences de concertation, on convoque la presse, on explique qu'on va en référer au Conseil de sécurité… et pendant ce temps-là, à savoir six mois, la Turquie débarque un demi-million de piétons[50] sur trois îles grecques.

Manifestement, ce grand tintamarre à l'ONU n'avait pour but que de rassurer les populations européennes, et aussi de détourner leur attention du véritable problème, plus au nord-est.

La quasi-surprise, c'est la réaction du Conseil de sécurité, dont les autres membres ont pris la question au sérieux et identifié une véritable menace. La Russie, avec laquelle l'Union européenne et l'Alliance atlantique sont en guerre déclarée depuis mars 2014, a soutenu activement

---

[50] ancien mot pour fantassin

(pas par une simple abstention) la proposition, alors que depuis quatre ans et demi elle assurait qu'on ne la reprendrait plus à laisser passer une résolution qui risquait d'être détournée ou outrepassée pour attaquer un pays pacifique. Certes, la Russie est le premier (par la population) et le dernier (par la civilisation) pays européen. Mais même la Chine, qui s'abstient généralement sur tout sujet ayant pour théâtre une région à l'ouest de l'Afghanistan ou à l'est du Japon, a voté en faveur de cette résolution.

Tout au sérieux de leur mise en scène théâtrale, les pays de l'Union européenne, envisageant de devoir arraisonner quelques rafiots de passeurs, ont demandé, avec gravité, l'autorisation d'user de la force.

La résolution 2240, qui détaille et répète sur six pages la nécessité de faire cesser le trafic de migrants et la traite d'êtres humains, précise que le Conseil de sécurité "… *conscient que la Charte des Nations Unies lui confie la responsabilité principale du maintien de la paix et de la sécurité internationales…*" agit "*en vertu du chapitre VII de la Charte des Nations Unies*". Or le chapitre VII s'intitule précisément "*action en cas de menace contre la paix, de rupture de la paix et[51] d'acte d'agression*".

Le Conseil de sécurité de l'ONU a bien compris et expressément écrit que ce trafic de migrants était une menace contre la paix et un acte d'agression. Il n'a circonscrit sa résolution à la zone tripolitaine et cyrénaïque que parce que c'est uniquement sur ce théâtre qu'on lui a demandé de se prononcer (ses membres ne font que voter sur la proposition introduite par l'un d'entre eux). Il est évident qu'une campagne similaire, dix fois plus importante

---

[51] et, pas ou : le recours au chapitre VII implique qu'il y ait eu acte d'agression et pas seulement menace

en volume, et manifestement menée par un État constitué et souverain (ce que la Tripolitaine et la Cyrénaïque ne sont *de facto* pas), est bien, à plus forte raison, un acte d'agression et une menace contre la paix, et le Conseil de sécurité en serait convenu si on lui avait demandé l'autorisation de lancer une opération identique au large des côtes turques.

La résolution 2240 du Conseil de sécurité établit, implicitement certes mais sans aucun doute possible, que la Turquie a lancé une grosse campagne d'actes d'agression contre la Grèce et l'Union européenne. Ceci est une guerre.

QUESTION DE CIVILISATION

7 – L'autre joue

Agression désarmante

L a polémologie distingue une forme de conflit qu'on nomme asymétrique. Il ne faut pas le confondre avec un conflit dissymétrique entre un faible et un fort, il faudrait plutôt le rapprocher d'un conflit entre un combattant et un non-combattant, ou entre combattants formels et informels, déclarés et clandestins.

C'est évidemment une forme de confrontation nouvelle pour les pays relevant d'une civilisation qui s'est efforcée, pendant des siècles, de formaliser et règlementer les conflits. Ces pays se sont d'abord refusés à maltraiter les populations civiles, qui d'ailleurs, attachées à leur terre, pouvaient changer de souverain au gré des modifications de frontières : or on ne massacre pas une population de futurs sujets et on ne saccage pas une province que l'on administrera demain. Puis ils se sont attachés à prohiber les armes de nature à déséquilibrer drastiquement les rapports de force et fausser les confrontations loyales, comme le feu grégeois (refusé par Louis XV) ou plus près de nous les gaz de combat. Ils se sont interdits, à titre de réciprocité, l'usage d'armes qui causent des souffrances inutiles aux combattants, comme l'arbalète ou, plus près de nous, les munitions éclatantes ou déchirantes[52]. Ils se sont entendus sur le respect du personnel soignant, et des combattants capturés clairement identifiés par un signe d'appartenance, comme ils sont convenus qu'un vaisseau approché d'un autre sous la ruse d'un faux pavillon devait remettre son véritable pavillon avant l'attaque. Ils ont défini le traitement (distinct) à réserver aux pilotes tombés en territoire ennemi ou aux espions infiltrés en tenue civile. Ils ont déterminé le type de travaux manuels qu'on pouvait exiger d'un soldat prisonnier, et les compromissions qu'on ne pouvait pas demander à un officier. Pour mémoire, il y a tout juste cent ans, pour éviter d'humilier devant les femmes d'officiers allemands les officiers français prisonniers, le commandement des camps allemands leur rendait leur sabre le dimanche avant que tous se retrouvent à l'église[53]. Les pays civilisés ont signé des conventions sur le droit de la guerre (*jus in bello*) allant jusqu'au détail des modalités de comptabilité des frais de nourriture des prisonniers ennemis, à réclamer ensuite dans les indemnités de guerre[54]. Il n'y a encore pas si longtemps les pays civilisés, désormais minoritaires, se sont interdits l'usage non seulement des bombes à sous-munitions indiscriminantes, mais également des mines antipersonnel pourtant défensives et destinées au champ de bataille, parce qu'elles pouvaient rester actives au-delà de la durée de la guerre et que certaines armées n'établissaient plus de relevés de pose. Tout cela a été fait au nom de la réciprocité (parce qu'on peut se trouver soi-

---

[52] jusqu'à l'imposition par les États-Unis à l'OTAN du 5,56 mm culbutant.

[53] la seule exception connue le fut pour comportement indigne au combat juste avant sa capture.

[54] tout cela est un lointain souvenir depuis l'irruption des États-Unis d'Amérique sur les théâtres de guerre du monde.

même en position de vaincu demain), mais aussi au nom de ce qu'on appelait l'humanité, parce que, que l'on croie en une justice suprême ou pas, on a grandi et appris dans un monde façonné par les philosophies de la raison depuis trois mille ans et de la compassion depuis deux mille.

Et puis un jour, à Beyrouth, une voiture de militaires d'interposition français en uniforme n'a pas perçu comme une menace un petit groupe de fillettes qui cachaient peut-être leurs Kalachnikov, ou n'a pas voulu le neutraliser… Et une douzaine d'années plus tard, un chef d'état-major bosno-turc démissionnait parce que son gouvernement lui avait fait commettre un massacre sur sa propre population civile afin d'en blâmer l'ennemi et de provoquer une intervention étrangère.

Les peuples et les soldats européens se sont trouvés de nouveau confrontés à une autre civilisation qu'ils avaient oubliée, où il est d'usage depuis quatorze siècles d'exécuter cruellement les combattants ennemis capturés (émasculés pour qu'ils parviennent mutilés dans l'autre monde[55]), puis de se partager leurs femmes et filles comme butin de guerre et esclaves. Dans ce monde-là il n'y a pas de distinction entre combattants et civils, pas de conventions autres que la loi du plus fort, pas de pitié ni de merci, même pas de crainte d'un châtiment dans l'au-delà mais au contraire l'assurance d'une récompense. Les règles patiemment élaborées dans le reste du monde n'y ont pas cours.

Le sens que l'on donnait en Europe au mot "humanité" a perdu l'universalité qu'on lui croyait.

Et l'asymétrie se généralise, parce que les uns ne veulent pas perdre leur âme ou leur essence en se conduisant comme les autres. On se sait imparfait mais on

---

[55] car on y entretient la haine par-delà la mort

se veut humain. Quand on voit des pirates de la route dans son rétroviseur on empoigne la manivelle et on appuie sur l'accélérateur, mais quand on voit des fillettes en guenilles sur le bas-côté on ralentit et on baisse la vitre. L'autre sait qu'on réagira ainsi, et il achète des enfants pour les faire mendier ou assassiner tandis que lui observe à distance de sécurité.

En cette année 2015 le Camp des Saints, écrit par Jean Raspail il y a plus de quarante ans, s'est rappelé à tous les esprits. Beaucoup aimeraient accomplir leur devoir sans se poser de questions face à un ennemi mâle, armé, organisé et en uniforme, si possible bien nourri et agressif. Tous (les civilisés) redoutent de se retrouver face à un enfant (ou une petite vieille) nécessiteux, implorant, désarmé et affamé ; et face à leur conscience, en même temps.

L'homme, du moins le croyait-on avant de se rendre compte que cette humanité qui semble naturelle n'est pas universelle, n'est pas naturellement capable[56] de trucider un enfant ou un vieillard sans défense. Si la survie de sa cité est en jeu, c'est donc à celle-ci (à la *res publica* matérialisée dans l'État) de lui ordonner d'accomplir collectivement les basses tâches qui lui répugnent personnellement.

Car aucun de ces nécessiteux qui débarquent n'est un danger[57], ou très peu. Mais tous ensemble sont l'instrument d'une agression asymétrique majeure, et désarmante.

---

[56] hormis cas psychopathiques

[57] d'ailleurs le soldat ennemi rencontré seul à seul au détour d'un bois n'est pas non plus personnellement et à lui seul une menace pour la famille ou le pays de son vis-à-vis

Hautes attentes

Ces futurs nouveaux Européens ont un très haut niveau d'attentes. Ces attentes ont certainement été en partie générées par le peu d'information réelle sur ce qu'est la vie en Europe occidentale.

Les vrais Syriens, donc une petite minorité des nouveaux arrivants, sont peut-être ceux qui ont l'idée la moins divergente de la réalité, car jusqu'à l'agression atlanto-islamiste la Syrie était un pays confortable, multiculturel (dont le président vit à l'européenne[58] avec son épouse britannique) et au moins ouvert sur le Liban, cette petite France du Proche-Orient.

Les autres, et c'est autant valable pour les Afghans que pour les Éthiopiens, n'ont que peu d'idée de la vie dans d'autres mondes, si ce n'est celle transmise par la télévision (satellitaire plutôt que nationale), c'est-à-dire essentiellement les films et accessoirement les variétés. Or le cinéma est du spectacle, et pourtant il est vrai que même dans les pays avancés sur le plan éducatif et intellectuel on a encore parfois tendance à croire que "c'est vrai puisqu'on l'a vu à la télévision", hormis bien entendu pour la fiction qui s'avoue, comme Superman... encore qu'on pourrait prendre pour argent comptant l'environnement dans lequel il évolue ; d'ailleurs beaucoup d'étrangers s'imaginent par exemple que les Étatsuniens sont tous aussi athlétiquement sculptés ou généreusement pourvus d'atours féminins que les héros (et les figurants secondaires) des feuilletons californiens dans lesquels le seul obèse est le shérif de district. Le langage à prétention universelle de ce cinéma, lorsqu'il fait allusion au reste du monde ou comporte

---

[58] bien que très simplement pour un chef d'État arabe

quelques scènes dans une capitale étrangère, facilite aussi l'amalgame selon lequel la principale différence entre Los Angeles, São Paulo et Vienne doit être la langue (encore que Coca-Cola se dise partout pareil) ou la couleur des taxis. Si pour les intellectuels le mythe d'une unité occidentale a été conceptualisé (mais pas inventé) par Samuel Huntington, auprès des masses populaires il a été diffusé par le cinéma, non seulement Hollywood mais aussi ses émules mexicain, colombien et maintenant turc (Bollywood est plus typé car son marché interne est plus grand) dont les productions bon marché diffusent le rêve *glamour* parmi les nouvelles classes moyennes des pays émergents. Ceux qui n'ont jamais vu un pantalon avant d'arriver en Turquie sont certains qu'en Occident tout le monde a une voiture.

Il faut se rappeler l'engouement des Russes sur les braies de garçon vacher en toile de Nîmes, à la fin des années quatre-vingts, ou leurs questions sur les isoloirs électoraux ("chez vous aussi ça laisse voir les pieds ?"), il faut se rappeler la ruée des Berlinois dans les rues commerçantes (pour regarder, car ils savaient que rien n'était offert fors la liberté) le soir du démantèlement du mur par le gouvernement est-allemand, et encore s'agissait-il dans ces deux cas d'Européens matériellement frustrés mais pas venus d'une autre civilisation. Il faut avoir, à Paris, accompagné des Africains une fois leur diplôme obtenu acheter leur "panoplie" avant de retourner au pays (afin d'y tenir leur rang d'européanisés), pour se faire une idée de la fascination qu'exerce l'économie d'abondance. Or l'illusion est encore plus frappante pour quelqu'un qui vient d'une économie de troc, n'a jamais payé de loyer, d'impôt ou d'assurance, et s'imagine que les montants qu'on lui a faits miroiter sont de l'argent de poche, pour lui nouvel arrivant car évidemment ses prédécesseurs, ou les indigènes, doivent toucher encore bien plus.

Ces attentes sont aussi volontairement inculquées par les incitateurs au départ, ces sergents recruteurs qui battent la semelle sur les marchés et ces mouftis qui prêchent le vendredi matin, promettant femmes, monts et merveilles en espèces sonnantes et trébuchantes et en nature culbutable à volonté. Ceux-là, d'apparence désintéressés, haranguent les foules dans les pays de départ, tandis que d'autres, ouvertement intéressés, les réconfortent dans les pays de transit afin de leur vendre par exemple les fameux viatiques à courte flottaison qui ont drastiquement bouleversé et multiplié l'économie du sud-ouest de la Turquie. Enfin il ne faut pas oublier les trafiquants eux-mêmes, passeurs ou accompagnateurs qui vivent de la traite d'êtres humains. Ceux-ci font miroiter le paradis pour au moins trois raisons, d'abord pour attirer des candidats, ensuite pour extorquer de fortes sommes, et enfin pour faire accepter les conditions scandaleusement déplorables de leurs services : pour être à la hauteur, et même largement au-dessus, des sacrifices consentis et des risques (y compris mortels) encourus, les espérances suscitées doivent être paradisiaques.

C'est un mouvement historique, l'Europe a vraiment besoin de vous, les Européennes vous attendent en sauveurs et Allah bénit votre voyage.

Et ces attentes sont également confortées par les comités d'accueil. Les dirigeants de l'Union européenne, ainsi que ceux des plus importants pays membres, rivalisent de promesses envers ces migrants et d'anathèmes à l'encontre des pays de transit (ou de destination) qui prétendraient vouloir appliquer les textes nationaux ou communautaires voire simplement noter l'identité des arrivants. On déclare devoir en recevoir encore, on parle de quotas de répartition (avec une confusion manifestement volontaire entre répartition de demandes à étudier et répartition d'immigrants à accueillir), l'Allemagne assure en attendre huit cent mille ou un million, les télévisions montrent l'accueil pacifique, l'orientation et l'accompagnement par des policiers, la distribution de nourriture en excès par des associations de bienfaisance ou des services gouvernementaux. On fait distribuer dans les pays d'origine des guides de voyage. On annonce de partout des distributions de logements, mais aussi des expulsions d'indigènes pour faire de la place aux invités. Dans l'intervalle on les loge dans des hôtels de trois ou quatre étoiles que la majorité des Européens travailleurs ne connaissent qu'en photographie. On leur offre le train gratuit, comme en France, voire on leur affrète des trains entiers, comme en Hongrie ou en Autriche entre autres, quitte à annuler le trafic ferroviaire normal des citoyens qui ont payé leur ticket et qui voyagent pour aller au travail. On les achemine (du moins en Angleterre) dans des limousines rallongées que les célébrités du monde du spectacle louent pour leur mariage, ou (du moins en France) dans des avions *jets* privés de luxe comme le Beechcraft 1900 de Calais facturé au contribuable, pour une heure de trajet et par personne, plus que ce que perçoit un salarié au SMIC pour un an de travail. Des chefs d'État (impossibles à approcher par leurs administrés) vont les visiter dans des centres d'accueil. Bref, on leur montre des égards que leurs propres pays (où ils n'étaient pourtant pas entrés en hors-la-loi) ne leur ont jamais manifestés, et que les gouvernements européens ne manifestent pas envers leurs propres citoyens.

Non seulement on leur déroule un tapis rouge, mais de plus on leur fait savoir que c'est un traitement de faveur qui leur est réservé, auquel les indigènes n'ont pas droit. Et on le fait bien savoir, car il est évident que les scandaleuses dépenses somptuaires à leur égard, que les médias nationaux occultent sachant que trop de fuites et révélations auprès des contribuables pourraient nuire à la réélection des ordonnateurs desdits excès, ont une finalité de communication extérieure. Même un fonctionnaire énarchique non comptable des deniers qu'il engage, et même s'il a reçu carte blanche sans plafond budgétaire (le label décrété de "situation exceptionnelle" permettant d'exiger *a posteriori* n'importe quoi du parlement), ne paierait pas à une entreprise privée, pour transporter un seul migrant par voie aérienne, un montant qui lui aurait permis d'en faire transporter cent cinquante à deux cents par voie terrestre sur la même distance, si on ne lui avait pas fixé un objectif qualitatif plutôt que quantitatif. Or le seul domaine où un migrant plongé dans le luxe peut produire plus d'effet que cent cinquante migrants traités correctement est le domaine de la communication, l'effet multiplicateur du téléphone dit arabe (dans ce cas, marginal par rapport au téléphone albanais, ourdou, anglais ou oromo), de nos jours les courts messages *SMS* envoyés aux parents et amis ou *Tweets* envoyés à la ronde puis repris et diffusés par les médias formels et informels des pays d'origine. De tels traitements de luxe, qui ne peuvent matériellement être appliqués qu'à une infime fraction des intéressés, n'ont de toute évidence qu'une finalité de communication, comme les exécutions capitales largement médiatisées à titre dissuasif dans certains pays… sauf qu'en l'occurrence il s'agit bien sûr de communication d'appel.

Quant à eux, les gens venant de pays où l'on a une idée un peu plus réaliste de la vie réelle dans les pays de destination ne sont pas seulement les vrais Syriens culturellement et géographiquement proches du Liban (et d'Israël), mais aussi les Albanais en contact très étroit avec la diaspora mafieuse qui depuis la remise du Kossovo et de la Métochie a pris le contrôle du grand banditisme (trafic d'esclaves, de drogues et d'armes et accessoirement contrôle de la prostitution et du racket) dans la plupart des grandes villes d'Europe. Cependant, même s'ils n'ont pas été marqués par un mythe fantasmagorique, ces gens-là ne peuvent pas être insensibles à la soudaine et massive campagne de communication (dont les citoyens européens ignorent jusqu'à l'existence) les invitant à quitter leur pays, et la débauche de luxe ostentatoire déployé pour les convaincre à la migration contribue inévitablement à accréditer même chez eux l'idée qu'effectivement l'Europe doit être en mal criant et urgent de jeunes hommes. Ces nombreuses attentions et cette considération extrême confirment et renforcent évidemment le discours de recrutement dans les pays d'origine, et participe à la consolidation de très hautes attentes.

Ces hautes attentes se sont assez rapidement traduites par des exigences.

Ingrates exigences

Car des attentes aux exigences il n'y a qu'un tout petit pas.

Les mêmes personnes et les mêmes foules changent totalement de comportement, car de psychologie, en franchissant les frontières extérieures de la Turquie. Car en Turquie on ne plaisante pas, non seulement les Turcs ne sont ni amicaux ni désintéressés, mais de plus on ne peut pas s'y plaindre aux autorités puisque même les vrais réfugiés n'y ont légalement aucun droit, et à plus forte raison donc les migrants clandestins. Les étrangers n'ont que la possibilité de se soumettre, donc payer, obéir et partir vers l'ouest.

Ainsi c'est en Europe qu'apparaissent les exigences, à la frontière grecque ou bulgare.

La première exigence est bien sûr celle d'entrer. Comme si l'on n'avait pas il y a deux siècles inventé les États "nations" dotés de constitutions écrites et du pouvoir de délivrer des passeports et de refuser des visas, comme si dans le moindre pays du tiers-monde, y compris ceux dont viennent ces migrants, on pouvait encore passer les frontières librement et sans contrôle, ils exigent d'entrer sans condition préalable.

Pour mémoire, un certain nombre d'États de droit subordonnent l'exercice de la liberté d'entrée et de circulation à un certain nombre de formalités pratiques, comme la déclaration de la destination géographique et la possession de moyens de subsistance pendant le séjour (avoir journalier minimum), la détention d'un moyen de sortie (billet aller-retour par exemple), l'invitation par un citoyen ou un résident légal (dont une réservation d'hôtel ou de circuit tout compris peut tenir lieu), voire même l'assurance de ne pas tomber à charge des services sanitaires du pays, sous forme d'une couverture maladie, accidents et rapatriement. Dans la plupart des pays du monde on n'entre plus sans la fouille des bagages, et lorsque certains pays mitoyens se font la courtoisie réciproque d'exempter leurs citoyens respectifs (ou du moins les frontaliers) de la fouille corporelle ou de l'examen radiographique habillé, c'est évidemment sur identification et justification de l'appartenance au pays voisin concerné. À tout le moins, même les pays les plus libéraux en la matière demandent au moins le motif du voyage, et notent la date d'entrée (même lorsqu'aucun visa préalable n'est nécessaire), ne serait-ce que pour protéger les droits de l'étranger qui dépendent évidemment de sa catégorie et dont le fait générateur et la date de commencement doivent être établis de manière faisant foi.

Pour mémoire aussi, la plupart des membres de l'Union européenne (sans parler de pays plus coercitifs) exigent de connaître le lieu de résidence de leurs citoyens et résidents, imposent, y compris aux nomades reconnus, d'avoir un domicile légal (ne serait-ce que pour des raisons fiscales et de conscription), et obligent à déclarer tout changement durable de résidence de fait au sein du même pays. Pour revenir au terrain concerné, non seulement un Grec ou un Bulgare n'entre pas en Turquie sans visa préalable, mais de plus un Grec n'entre pas en Bulgarie (ou vice-versa) sans présenter son passeport à un poste de contrôle frontalier[59]. Mais ces migrants exigent qu'on les laisse entrer plus librement que les ressortissants des pays voisins, et même sans contrôle, assurés par des conseillers soi-disant humanitaires (et de hautes autorités politiques des pays de destination) que c'est leur droit. S'ils voient un poste de contrôle frontalier au bord de la route ils passent à travers les champs cultivés ou les jardins privés, s'ils rencontrent une clôture ils la détruisent, si un représentant de l'État les somme de s'arrêter et de présenter un document d'identité ils refusent d'obtempérer, voire l'agressent à mains nues ou avec des armes par destination (catégorie D ou ancienne 6° catégorie selon la classification française).

L'exigence se transforme quasi-systématiquement en délit, à savoir soustraction au contrôle public, violation de propriété privée, destruction de bien d'autrui (privé ou public), refus d'obtempérer et parfois violence contre personnes. Sur une foule de trois cents personnes qui ne s'écarte pas de la route il peut n'y avoir que cent délinquants auteurs des délits précités, mais il y a trois cents contrevenants puisque tous passent la frontière en hors-la-loi.

Car la deuxième exigence est la clandestinité. Informés par des âmes charitables ou manipulatrices qu'en droit international on n'est réfugié que dans le (premier) pays où l'on entre en quittant celui où on était en danger

---

[59] on ne parle là que d'entrée, le séjour temporaire étant, quant à lui, soumis à réglementation et l'établissement permanent encore plus : un Français ne peut pas s'établir en Italie sans passer par la procédure légale d'immigration

(quelqu'un qui vient de Turquie, fût-il Syrien ou Letton russophone, n'est pas un réfugié), et informés aussi qu'en droit communautaire européen, ainsi que selon les accords de Schengen et de Dublin, c'est le premier pays de l'Union où l'on met les pieds qui, sauf cas exceptionnel[60], est chargé de l'instruction de toute demande, et le cas échéant responsable de la protection due aux réfugiés, ces migrants exigent de traverser les membres orientaux ou centraux de l'Union européenne sans que leur entrée y soit notée, de manière à n'être enregistrés qu'en arrivant dans les pays occidentaux, à savoir les grandes puissances économiques (les membres du G8), ou en deuxième choix les pays scandinaves. Prétendant être exemptés des obligations auxquelles se soumettent, parfois sous leurs yeux, les honnêtes citoyens d'un pays européen souhaitant entrer dans le pays voisin, ils refusent de décliner leur identité ou leur provenance, refusent de présenter le moindre justificatif, et refusent même de se laisser prendre les empreintes digitales ou photographier.

Ce comportement n'est évidemment pas spontané mais artificiellement induit. À l'origine ces gens-là sont, pour beaucoup, des malheureux, qui s'ils ne viennent en majorité pas de pays en guerre viennent en quasi-totalité de pays pauvres. Et même s'ils viennent de montagnes où il y a plus de Kalachnikov que d'uniformes bleus comme en Afghanistan, au Pakistan ou dans le nord de l'Irak, ils savent par expérience qu'on ne joue pas au plus fin avec un caporal moustachu, fût-il seul et apparemment désarmé sur un poste de contrôle illégal ; ils ont aussi traversé plusieurs frontières, hormis les vrais Syriens acheminés nuitamment en Turquie par des Turcomans zigzaguant entre les

---

[60] conjoint ou parent au premier degré déjà résident ou réfugié dans un autre pays

positions des diverses factions atlanto-islamistes. S'ils ne fuient pas tous un risque physique, ils cherchent dans tous les cas une vie meilleure et, même si leur religion leur enseigne d'en remercier Allah et d'en mépriser leurs "mécréants" bienfaiteurs européens qu'Il met sur leur route, ils n'en restent pas moins, par cette même religion de la soumission, respectueux de toute autorité affirmée ; plus pragmatiquement, éreintés par leur long périple sans retour possible ils se plieraient certainement à toute formalité nécessaire à leur accession à la terre promise.

Mais cette clandestinité individuelle de chaque membre de ces masses pourtant bien visibles est réclamée par le pouvoir médiatique qui les accompagne et ordonnée par le pouvoir politique (de niveau national ou communautaire) qui les attend. Côté médiatique, on voit des journalistes, sur le terrain, déployer des trésors de mise en scène pour enregistrer les images qui serviront à rythmer et orchestrer plus à l'ouest des vagues d'indignation manipulée sur les clôtures subitement érigées sur des frontières jusque-là symboliques en l'absence d'incivisme, les renforts précipitamment dépêchés devant l'enfoncement de toutes parts des frontières, et les procédures rapidement improvisées pour tenter de faire face à l'explosion soudaine du nombre d'arrivants à enregistrer. En certaines occasions on en voit même se faire instigateurs ou complices des provocations et prises d'otages ayant pour but, au niveau local, de provoquer le débordement et le repli des services frontaliers, et au niveau international, de provoquer des pressions extra-légales et supranationales sur les autorités des pays pris à l'abordage. Côté politique, on entend tous les jours des personnalités en vue ou des autorités en fonction, que ce soit à Paris, à Berlin ou à Bruxelles (sans oublier les autorités actuelles de l'ex-Constantinople et de la Nouvelle-Amsterdam d'ailleurs non consultées), clamer que vouloir noter l'identité des migrants est une grave humiliation indigne et un scandale contraire aux valeurs européennes non écrites (et jamais discutées) et aux droits élémentaires de l'homme sous-entendus dans la charte européenne (pourtant apparemment claire), expliquer que ces invités illégaux doivent être exemptés de l'identification imposée aux Européens et résidents légaux, et ordonner publiquement (pour renforcer les intimations par canaux interétatiques) aux gouvernement concernés de cesser de tenter de leur appliquer les lois nationales et les règlements communautaires.

Que le but recherché soit simplement, ou pas uniquement, d'imposer leur entrée *incognito*, le résultat est aussi inévitablement de les rendre imbus d'un sentiment de supériorité, qui ne peut que leur rappeler le discours élitiste des mouftis des pays d'origine[61]. Partis pour une terre promise, propulsés par la Turquie (où ils sont traités comme des moins que rien), arrivés aux frontières européennes pour passer illégalement et en force, incités là à refuser de décliner leur identité, ils entendent alors proclamer par les plus hautes autorités européennes, et dicter aux pays périphériques, qu'ils sont d'une essence distincte non soumise aux lois en vigueur pour les indigènes (ce qui correspond d'ailleurs à la distinction coranique entre Mahométans et *dhimmis*). Il n'est nul besoin d'être docteur en psychologie pour deviner l'effet de ce discours sur les représentations et convictions personnelles. Et il n'est nul besoin d'être docteur en sociologie pour comprendre qu'aucun mouvement d'intégration ne pourra être

---

[61] en vérité il y a deux sous-discours au sein de cette affirmation de différence et supériorité, celui des mouftis de l'islam (sunnite notamment) le plus expansionniste qui encouragent le départ de ces envoyés d'Allah vers le monde des mécréants voué à la guerre ou *Dar-el-Arb*, et celui des mouftis de l'islam (chiite notamment) plus défensif car minoritaire, qui condamnent le départ de ces déserteurs vers la corruption extérieure au monde de l'islam ou *Dar-el-Islam*

demandé, ni même attendu, de la part de personnes accueillies dans ces conditions exceptionnelles (et à peu près inédites dans l'histoire de l'humanité). Or, faire venir des allogènes à une telle échelle en leur demandant la préservation de leur différence (et en la garantissant par des privilèges que même les colons invités en Amérique n'avaient pas[62]), c'est installer des colonies.

Conséquemment, et contrairement aux démenteurs qui ont cherché d'autres explications, il est effectivement vrai (mais pour emblématique que ce soit cela n'est qu'un détail), que de la nourriture a été refusée parce qu'elle était distribuée dans des cartons frappés d'une (petite) croix rouge, les organisations comme le Croissant-Rouge[63] s'étant particulièrement illustrées par leur absence dans l'aide aux migrants. D'une manière générale ces foules très assistées reçoivent bien plus qu'elles ne peuvent manger ou boire, comme en témoignent les montagnes de paquets à peine ouverts pour goûter qu'elles jettent derrière elles, et qui doivent d'ailleurs confirmer ce qu'on dit dans les pays d'origine, que les Européens ne savaient quoi faire de leurs excédents de tout, ou qu'ils attendaient avec impatience cette vague de jeune vigueur et de mâle exubérance. Qu'importe, comme en Inde ou en Océanie des servants viendront discrètement nettoyer les offrandes déposées devant les divinités, avant qu'elles ne pourrissent tout à fait. Une fois hébergées quelque part, il n'est pas rare qu'elles se plaignent de la qualité de la nourriture, ou qu'elles

---

[62] étant soumis dès leur arrivée aux lois des nouveaux pays, au même titre que les indigènes et les premiers arrivés

[63] et autres organisations gouvernementales séoudies, pakistanaises, iraniennes ou malaisiennes qui dans les années quatre-vingt-dix savaient livrer de l'armement en Europe sous emballage alimentaire pour violer les embargos internationaux

refusent l'eau du réseau potable, pourtant satisfaisant aux normes européennes et nationales et bue par les résidents locaux (qui, eux, paient leur boisson comme leur nourriture), pour se faire offrir de l'eau minérale.

Introduites par effraction dans les pays périphériques, leur anonymat illégalement garanti, et leur subsistance alimentaire largement assurée par des contributeurs naïfs ou des contribuables déniaisés, les masses de hors-la-loi exigent d'être transportées. À la vérité les premières foules, et on reviendra plus loin sur les allocations d'immigration illégale perçues en euros juste avant l'entrée dans l'espace Schengen, ont ouvertement acheté ou tenté d'acheter en Hongrie, au guichet et en liquide, des billets de transport international, sans égards pour les règles de transport transfrontalier, mais ont été refoulées à l'embarquement par les compagnies tenues de vérifier la nationalité, la résidence légale ou le visa d'un pays de l'espace Schengen, et donc l'identité. C'est ce qui a déclenché la première grande manifestation début septembre devant la gare de Budapest, dont beaucoup de médias européens se sont fait l'écho même s'ils ont généralement coupé le son lorsque la foule a commencé à scander "*Allah Akbar*", et coupé l'image lorsqu'elle a attaqué le cordon de police censé isoler, sinon défendre, l'entrée de la gare et l'accès aux trains. On peut tenter de raisonner un rassemblement de quelques dizaines de personnes, on peut canaliser ou contraindre une foule de quelques centaines de personnes, on ne peut pas essayer d'arrêter une foule galvanisée de plusieurs milliers de personnes, à moins de faire usage d'une grande violence. À partir de cet événement, chaque fois que les masses en migration exigent des moyens de transport collectif cela leur est accordé (à l'exception notable de Calais), même si elles doivent parfois affirmer leur exigence, dans un premier temps, en prenant d'assaut des trains ou des autobus (ou des bateaux, sur les îles grecques). Pour permettre aux entreprises de transport de satisfaire à cette exigence en un tel volume, les autorités hongroises, tchèques, autrichiennes et allemandes ont dû suspendre des liaisons régulières (en pensant que la vague de durerait que quelques jours), affréter des trains ou des autobus spéciaux, refouler sans préavis des dizaines de milliers d'usagers pourvus de billets ou d'abonnements et soudain interdits d'aller travailler et priés de rester chez eux.

Une autre exigence, motivée par la crainte d'être confinés dans une situation de réfugiés et bloqués dans un pays de transit, a été le refus des centres d'accueil collectif : ils ne veulent ni camps de tentes, ni écoles ou anciennes casernes réquisitionnées, ni salles de sport. Là aussi les premiers soulèvements ont eu lieu en Hongrie, début septembre. Un peu partout, des foules d'étrangers en situation illégale manifestent pour demander de meilleures conditions d'hébergement gratuit. En plusieurs endroits c'est pour avoir plus de téléviseurs, parfois c'est simplement pour avoir plus de douches et de toilettes[64], parfois c'est, comme à Heumensoord aux Pays-Bas (entre autres) pour avoir des logements plus confortables, voire, comme à Markersdorff en Allemagne (entre autres) pour être installés à l'hôtel ou en appartement plutôt qu'en hébergement collectif, ou encore, comme à Lima en Suède (où il était offert des chalets individuels dans un village de vacances) pour obtenir des maisons dans une ville avec des magasins et où il fasse plus chaud, ou bien, comme à Quimper, pour pouvoir choisir librement leur ville d'installation (tous frais payés faut-il le rappeler), ou enfin,

---

[64] ce en quoi les intéressés ont raison, tant qu'on est clandestin on a moins de droits qu'un camionneur qui s'est arrêté au bord de la route au cours d'une traversée tous papiers en règle du pays voisin, mais dès qu'on est reconnu immigré ou réfugié on relève des normes légales d'hébergement en vigueur dans le pays

comme à Ceranova en Italie, pour obtenir internet gratuit (wifi) et des domestiques gratuits (qu'ils n'ont certainement jamais eus dans leur pays) : quel que soit le pays et le traitement, même un hors-la-loi peut toujours trouver quelque chose à réclamer, surtout quand il sait que ce ne lui sera pas facturé.

Et pourtant l'exigence suivante, toujours de la part de clandestins anonymes en situation irrégulière après introduction illégale et souvent par effraction, c'est de l'argent. Oralement auprès des journalistes inquiets de savoir si ces contrevenants sont suffisamment bien traités, ou par le biais de manifestations devant les mairies voire de grèves de la faim pendant le ramadan, les hors-la-loi réclament de l'argent de poche, par exemple deux mille euros mensuels, quitte parfois à déclarer ne plus vouloir, en échange, de la mauvaise nourriture qui leur est offerte.

Ce qui n'empêche pas la prise et la dégradation de locaux publics comme ceux de la fédération des syndicats allemands, occupés pendant plus d'une semaine (le gouvernement allemand avait pourtant approuvé en 2014 l'intervention sanglante de l'armée ukrainienne pour moins que ça), dans l'exigence de la délivrance immédiate de permis de séjour, de travail et de circulation sans entrave.

Pas encore une exigence, mais néanmoins une attente ferme manifestée par de nombreux arrivants d'après Isabell Sittner, coordinatrice de la politique de refuge de la Bavière, est l'attribution automatique d'une maison et d'une voiture, non pas un vague fantasme mais une croyance ferme chez un grand nombre d'entre eux d'après elle, ce dont il faudrait incriminer les démarcheurs dans les pays d'origine autant que les trafiquants dans les pays de transit.

Un nombre croissant de volontaires ou de fonctionnaires en contact direct avec les migrants rendant compte que ces derniers sont de plus en plus exigeants voire mécontents et violents, cette radicalisation des comportements a d'abord été révélée par les chefs de gouvernement hongrois et slovène, puis a même été reconnue par la ministre de l'Intérieur autrichienne Johanna Mikl-Leitner et par son homologue allemand Thomas de Maizière.

Finalement, la seule attente qui ne se traduise pas en exigence collectivement exprimée[65] est celle de prestations sexuelles, que certains immigrationnistes demandent cependant au nom des nouveaux arrivants, comme par exemple le pasteur bavarois Ulrich Walner qui suggère la création d'un véritable droit légal, à satisfaire, selon les disponibilités, par le secteur professionnel rétribué (actuellement sous-employé le matin) ou par le volontariat bénévole ("*Freie Liebe für freie Menschen*")…

---

[65] on reviendra par ailleurs sur les pratiques individuelles à très grande échelle que les sociétés de civilisation chrétienne et les pays du Conseil de l'Europe (sauf la Turquie) considèrent comme criminelles

8 – Déstabilisation

Sac itinérant

Tout le monde a pu voir certaines images qui ont percé à travers le mur médiatique, comme les mouvements collectifs de jet de paquets de nourriture à peine goûtés voire pas entamés, et de bouteilles d'eau encore empaquetées par six, parfois éventrées, jetées sur la voie publique en geste de défi, ou encore l'intérieur totalement à nettoyer, rhabiller et remeubler des trains et autobus après un trajet d'à peine quelques heures. Au-delà du gaspillage volontairement offensant de ce qui a été offert, on a vu un mépris total envers les pays d'accueil, fussent-ils de transit ou de destination, ces foules laissant derrière elles un paysage de désolation, qu'il s'agisse des campagnes ou des centres d'hébergement d'une nuit. Des champs d'ordures (parfois justement générés à partir de nourriture fraîche et propre), d'immondices, de déchets en tous genres marquent le sillage dont on ne sait s'il faut le nettoyer, notamment quand il s'agit d'espaces privés (centres d'hébergement, jardins particuliers) ou s'il vaut autant l'abandonner à la décharge, notamment quand il s'agit d'espaces publics (rues et campagnes) dont les riverains ne peuvent se substituer aux autorités démissionnaires, et savent que d'autres cohortes suivront.

En Autriche, on se souviendra du cri lancé par cet officier supérieur allé visiter le 21 octobre cette zone frontalière que les médias ont mise dans l'ombre et dont la police écarte les visiteurs, où des milliers d'étrangers ont pris possession d'une portion du territoire autrichien qu'ils souillent et dégradent dans une incivilité jusqu'alors inconnue de ce pays alpin : "*c'est la guerre !*"

En ce qui concerne l'Italie, beaucoup ont vu les images de la progression de bandes sauvages le long de la Domitienne, détruisant tout sur leur passage, arrachant le mobilier urbain et brûlant les voitures dans des rues aux volets fermés dont les habitants sont partis se réfugier chez de la famille à Rome ou dans des villages à l'écart de l'axe sud-nord. Là comme ailleurs, les habitants sont laissés à eux-mêmes et la voie publique est abandonnée au saccage, les forces de l'ordre devant être occupées à protéger l'accès à quelque bâtiment de l'État.

En Allemagne, et on reviendra plus loin sur les conséquences politiques et internationales de l'envahissement de la Bavière, toute la population n'a pu que constater dans les villes de destination finale le bond de la délinquance en tout genre. En matière criminelle, même la presse pro-gouvernementale n'a pu cacher totalement la vague de viols contre laquelle la presse locale diffuse des recommandations de prudence et sobriété vestimentaire[66] à chaque nouvelle affaire connue, donc à une périodicité hebdomadaire. Mais, fin décembre, le journal Bild a publié un dossier sur les ordres formels de discrétion donnés à la police pour ne pas "stigmatiser" les malfaiteurs et criminels et éviter de contribuer à une panique générale qui ne pourrait que conduire à des amalgames offensants et par conséquent nuisibles au "vivre ensemble"… un langage bien connu en France, ou encore en Suède dont la presse

---

[66] l'intégrité physique ne sera-t-elle bientôt garantie qu'aux femmes intégralement voilées ?

qualifie mensongèrement, et avec insistance, de Suédois tous les criminels étrangers résidant dans le pays.

En Allemagne toujours mais sur un autre registre rarement abordé, après que le gouvernement fédéral ait estimé que 80 % des migrants n'avaient aucune qualification, Zeit a publié fin décembre les estimations du professeur Ludger Wößmann, de l'université de Munich, selon lesquelles 65 % (deux tiers) de ces intrus sont analphabètes, ne sachant ni lire ni écrire en quelque langue que ce soit, et que les rares jeunes scolarisables (Syriens et Irakiens devine-t-on) ont cinq ans de retard sur les Allemands du même âge, tandis que les adultes péniblement mis en formation abandonnent avant d'obtenir une qualification. On comprend qu'une majorité d'intrus ne soit pas intéressés à chercher du travail. Le prochain calcul de l'indice de développement humain (IDH) par le programme des Nations Unies pour le développement, prenant en compte une baisse d'un point du pourcentage d'alphabétisation, une baisse encore indéterminée du taux d'emploi et du revenu moyen, et une hausse (qui sera certainement sous-évaluée) de la criminalité sexuelle, verra donc l'Allemagne reculer dans le classement mondial du développement humain, comme c'est déjà le cas pour la Suède.

En ce qui concerne la France, des médias, notamment anglais, se sont faits l'écho de la situation d'occupation sauvage des abords de la Nouvelle Jungle de Calais, c'est-à-dire de la mise à sac des propriétés privées, à savoir l'arrachement des clôtures et la coupe des arbres pour les brûler, le pillage de tout ce qui se trouve dans les jardins, les irruptions (et tentatives avortées) dans les maisons à la recherche de nourriture ou d'électronique à voler et de femmes à violer, dans l'indifférence des pouvoirs publics qui s'abstiennent de protéger les citoyens qui les ont élus (et leur interdisent de manifester), voire ordonnent expressément aux services de maintien de l'ordre de ne pas intervenir dans tout fait divers où des migrants sont impliqués, interdisant même l'enregistrement des plaintes pour viol. L'entrée du tunnel est gardée (en dépit de quelques intrusions collectives), les ports sont gardés, mais l'État, qui a fait libérer immédiatement les cambrioleurs arrêtés par excès de zèle avec la marchandise des deux supermarchés, semble s'être désengagé des routes où passent les camions en direction de la Grande-Bretagne, où mois après mois les camionneurs en transit entre les zones de normalité française et anglaise réussissent à éviter de renverser les grappes de pirates qui prennent les camions à l'abordage (pour s'y introduire illégalement et bientôt pour en prendre le contrôle) au vu et au su de tous mais au désintérêt des autorités.

Quant à la Nouvelle Jungle, peut-être le bidonville le plus emblématique de cette nouvelle Europe de plus en plus diversitaire (en termes ethniques) et de moins en moins multiculturelle (en termes religieux) où Emmaüs annonce une imminente catastrophe humanitaire et d'où Human Relief Foundation s'est retirée après avoir vu des migrants brûler par défi de la nourriture et des vêtements, le gouvernement national préfère se laisser condamner par les instances européennes veillant aux droits de l'homme pour non-respect des normes d'hygiène, d'habitat ou de sécurité que de chercher à y rétablir l'ordre, tenter d'y introduire de force les services sanitaires, médicaux, de lutte contre l'incendie ou contre le viol violemment repoussés par les autorités locales autoproclamées, ou attaquer ces autorités, dont il semble accepter l'autonomie[67], pour non-respect des obligations incombant à toute autorité d'occupation. Même

---

[67] des dizaines de restaurants, épiceries, auberges et vendeurs d'eau y prospèrent sans taxes en dépit des trois repas offerts par jour et de l'allocation quotidienne

après la déclaration de l'état d'urgence dans le reste du pays, dont la principale utilité eût été d'instaurer des couvre-feux là où l'État aurait la volonté et les moyens de les faire appliquer, les forces étrangères infiltrées attaquent quotidiennement (à l'arme blanche par destination, jusqu'à présent) les pompiers et la police. Il semblerait que l'État prenne alibi de l'extranéité des résidents pour reconnaître *de facto* l'extra-territorialité de l'enclave, et ne fasse timidement intervenir les forces de contention qui la ceignent (et immobilisent le dixième des forces de deuxième catégorie nationales[68]) que lorsque l'émeute permanente débordant sur les zones environnantes encore sous son contrôle menace d'entraîner une vraie réaction populaire. Le 17 décembre Jean-Pierre Valensi, procureur de la République de Boulogne-sur-Mer, décrit à propos d'un assaut du tunnel (où personne n'a été arrêté) une "*organisation quasi militaire*" donnant une impression de "*guérilla urbaine*". Les mesures d'éloignement temporaire de quelques dizaines d'individus par capture et envoi à grands frais dans des centres de rétention administrative éloignés, pour moins de cinq jours, ne semblent pas avoir d'autre but que d'occuper quelques édiles et de prétendre que l'État a encore quelque contrôle des lieux. Nonobstant, la seule issue que l'on puisse anticiper est que les vannes de la Manche seront ouvertes (on prétendra que le barrage aura lâché), préférentiellement, pour ne pas l'influencer négativement, après le referendum britannique de maintien dans l'Union européenne, dont on espère qu'il ne sera pas repoussé au-delà du 16 juin.

Mais cette situation n'est rien par rapport à l'occupation des îles comme Lesbos, Kos, Samos, Chios et

---

[68] 18 compagnies républicaines de sécurité et escadrons de gendarmerie mobile sur 168, pour un coût quotidien de 150000 euros et avec interdiction formelle de raconter aux familles ce qu'on y voit

Leros, à laquelle la presse est moins sensible puisqu'il ne s'agit "que" de la Grèce méprisée dans le monde saxon et déjà à ce titre saignée par les puissances qui attaquent les maillons faibles (bien qu'économiquement insignifiants) de l'euro chaque fois que le dollar semble risquer d'être confronté à sa valeur réelle. Ces îles sont envahies depuis presqu'un an par des hordes sans foi ni loi, et sans cesse renouvelées, qui les mettent littéralement à sac. Lorsque, début septembre, la Turquie a accéléré les débarquements[69], cette force civile a bientôt été suffisante pour, au lieu de se laisser prendre en charge, encadrer et acheminer en petits groupes, par des volontaires humanitaires, des plages aux lieux d'hébergement temporaire et aux ports, passer soudain à l'émeute permanente, occuper la voie publique, déborder et razzier les zones d'habitat, et s'emparer des bacs (*ferry-boats*) destinés à la navette avec le continent. Les petites unités de police locale symbolique, sur ces îles auparavant sans délinquance de quelques dizaines de milliers d'habitants se connaissant tous et vivant du tourisme estival et de la pêche, ont tenté pendant quelques jours d'interdire l'accès aux ports puis, débordées, ont été obligées de laisser passer ces foules de dizaines de milliers de délinquants[70]. Avec l'accélération des débarquements le gouvernement grec, pourtant mis en faillite dans les conditions que l'on sait, s'est vu obligé de réquisitionner et envoyer des bateaux supplémentaires pour désengorger les îles.

---

[69] la marine turque escorte les esquifs de trafiquants d'êtres humains depuis la côte turque jusqu'aux îles grecques, comme Frontex le rapporte à la Commission européenne, photographies à l'appui, depuis six ans

[70] les Parisiens qui ont vu du cinquième étage une foule de dizaines de milliers de manifestants pacifiques peuvent imaginer la force qu'elle pourrait représenter en cas de déchaînement

L'occupation d'une île de 80000 habitants, toutes tranches d'âge confondues, par une force de 20000 jeunes hommes (qui plus est d'une culture violente) est une très rude épreuve sur un territoire fermé, dont seuls les Chypriotes peuvent avoir une idée, bien que pour eux le calvaire se soit terminé par la déportation et le regroupement en zone non occupée alors que les habitants de Lesbos, Kos et autres n'ont que la ressource de barricader leurs fenêtres, interdire aux filles de sortir et espérer que l'eau continue de couler au robinet jusqu'au, pour l'instant hypothétique, rétablissement de l'ordre qui leur permettra d'aller acheter à manger et de renvoyer les enfants à l'école. Or, et en dépit des rotations accélérées de bateaux, le débarquement actuel d'au moins 4000 personnes par jour (parfois 8000) représente l'arrivée de l'équivalent de la population insulaire toutes les trois semaines. À la mi-novembre, on estimait que plus de 300000 personnes avaient illégalement débarqué sur Lesbos (à dix kilomètres de la Turquie) depuis le début de l'année, et pour l'essentiel depuis trois mois à raison de quatre-vingt-cinq bateaux de diverses tailles par jour.

Les cadavres de nombre de ces Asiatiques emportés des côtes turques par les passeurs turcs échouent parfois sur les côtes grecques, les pêcheurs ne sortent plus par peur de ce qu'ils peuvent remonter dans leurs filets autant que par peur d'être assaillis en mer, et le maire de Lesbos a annoncé le 1er novembre que les capacités d'ensevelissement digne[71] avaient été épuisées par plusieurs dizaines de morts par semaine. À Lesbos la morgue est engorgée, les ambulanciers qui servent les trois ambulances (sur huit)

---

[71] accessoirement, aux yeux des Mahométans dès que l'un d'entre eux a été inhumé quelque part, le territoire est islamisé et devient terre d'*oumma* – certes ce sont surtout les Chrétiens qui sont passés par-dessus bord

pour l'instant rescapées des dures restrictions budgétaires imposées par l'Eurogroupe travaillent seize heures par jour, les organisations humanitaires s'occupent évidemment plus de distribuer de la nourriture que d'éliminer celle qui est jetée n'importe où ou de nettoyer les plages recouvertes de gilets de sauvetage et de canots pneumatiques crevés… et évidemment la situation sanitaire empire, non seulement dans les rues mais également, d'après ce que l'on sait, parmi la population calfeutrée et dépossédée de son territoire.

Santé et sécurité

Les deux millions d'intrus qui ont fait irruption en Europe par voie de fait, en 2015, viennent pour la plupart d'un autre monde et d'une autre époque. Ils appartiennent en général à la troisième génération née, après la fin du protectorat de leur territoire par un pays européen avancé et normatif, dans l'indépendance en matière éducative et la liberté en matière hygiénique. Et ils ont involontairement rappelé à l'Europe des leçons d'Histoire que ses dirigeants entendaient vouer aux oubliettes. Dans tous les pays européens, les bénévoles accueillants, puis les associations à vocation de soins, et enfin les services de la médecine d'État se sont trouvés confrontés à des maladies qu'ils n'avaient même pas vues dans les livres[72].

On note de plus en plus de cas de syphilis et de tuberculose, que l'on pensait pratiquement éradiquée en Europe. Début septembre l'herpès et la gale ont commencé à se répandre dans Paris à partir du *ghetto* de la porte de St-Ouen. Au même moment on détectait la lèpre pour la

---

[72] sauf évidemment en France, pays qui détient et développe l'expertise mondiale en médecine tropicale

première fois, à Salzbourg, diagnostic médicalement confirmé le 18 septembre. Le syndrome immunodéficitaire acquis est généralisé chez les populations d'origine subsaharienne. Des hôpitaux ont été confrontés pour la première fois au typhus abdominal, à la fièvre paratyphoïde et aux hépatites A et B, provoquant des interrogations notamment dans les pays d'Europe centrale dont le personnel médical ne connaissait pas certaines de ces maladies exotiques. À Calais, fin septembre on diagnostiquait une dizaine de cas de la fameuse grippe H1N1 par jour. Ce n'est évidemment qu'une question de temps avant que le choléra revienne en Europe ; cette maladie est certes socialement sélective, non en termes de pouvoir d'achat mais d'habitudes d'hygiène, et donc gérable.

Mais il y a pire, et plus indiscriminant. Le paludisme arrive aujourd'hui d'Afrique et d'Asie par flots incessants, y compris des souches chloroquinorésistantes et multirésistantes. Selon les bateaux, entre le quart et le tiers des Africains débarqués en Italie en sont porteurs. Aussi les moustiques, dont les Européens ne se méfient plus, n'attendent que quelques bonnes pluies pour le répandre parmi les populations indigènes qui ne sauront pas reconnaître ses symptômes. On se rappelle qu'en 2009 les autorités politiques avaient été promptes à dramatiser (tout en laissant volontairement entrer) la grippe Smithfield et proclamer en grande excitation des états d'exception superfétatoires dont elles omettaient ensuite sciemment d'appliquer les mesures prévues[73]. Or le paludisme a un taux de létalité bien supérieur à celui de ladite grippe, surtout s'il n'est pas identifié et traité. Cette fois la situation

---

[73]   www.stratediplo.blogspot.com/2009/06/on-volontairement-laisse-entrer-la_68.html

n'est pas anodine, le coup du nuage de Tchernobyl disparu (ou sa radioactivité) en arrivant aux frontières n'est pas permis, et le silence allophile "pour ne pas stigmatiser les moustiques" serait un crime contre la population, une complicité d'empoisonnement bien pire qu'en 1984-1985 (sang contaminé) puisque bien plus de gens sont piqués par des moustiques que par des aiguilles de transfusion. À défaut d'une campagne de sensibilisation de la population aux premiers symptômes, d'une préparation du corps médical à l'identification de la maladie, et d'une distribution des traitements jusqu'aux hôpitaux et pharmacies, l'éclosion d'une épidémie n'est qu'une question de temps.

De toute évidence les autorités nationales et communautaires qui imposent l'accueil de masse n'ont pas l'intention d'y consacrer les moyens de le faire proprement, au sens propre, c'est-à-dire d'imposer un examen médical minimal, même dans les centres d'enregistrement d'urgence dits *hotspots*, ni de faire passer toutes les cargaisons des trafiquants turcs et ex-libyens par la décontamination pourtant correctement (mais uniquement) mise en œuvre à Reggio. Mais en soumettant les peuples d'Europe au risque de grandes épidémies, ces autorités s'obligent au devoir de prévoir leur identification et leur traitement. Car il ne faut pas croire aux légendes modernes, le paludisme est plus répandu aujourd'hui dans les pays tropicaux où se conjuguent l'humidité et une faible discipline récipiendaire mais il n'est pas une fatalité du tiers-monde, des pays chauds ou de la densité mélanique. Diffusé en Europe au moins par les invasions romaines puis sarrasines, il a été un véritable fléau pendant des siècles, a sérieusement retardé le décollage démographique des îles anglaises et n'a à peu près disparu de la France métropolitaine, hormis sa plus grande commune (la Camargue), qu'au début du XX° siècle. Son éradication, accidentelle par l'expansion de l'agriculture en France ou recherchée par l'assainissement des marais en Nouvelle-France, ne doit pas être considérée comme aussi irréversible que la diffusion du français ou de l'électricité ; en ce moment même cette maladie est importée à grande échelle, et il ne lui manque plus que d'être réunie à son vecteur (l'anophèle).

En Autriche, les premiers policiers qui avaient été envoyés "au contact" sans précaution à Nickeldorf (finalement occupée par des milliers d'intrus) souffrent de diverses maladies, pas toutes identifiées avec certitude. En Hongrie, plusieurs dizaines de personnes, hospitalisées en observation, font l'objet d'études livresques en langues étrangères de la part de médecins perplexes qui n'arrivent pas à identifier certaines maladies mystérieuses. Or, là comme ailleurs, la patience et l'abnégation du personnel médical, à commencer par les infirmières (et médecins féminins), pourrait rencontrer ses limites, et une vague de démissions n'est pas à exclure, qui pourrait être provoquée par un excès de contaminations ou d'agressions.

Car il faut ajouter que les normes comportementales des colons rendent inopérantes les modalités du service public médical des pays de culture gréco-latino-chrétienne, fondées sur le respect mutuel des personnes et l'obéissance à l'autorité (en l'occurrence médicale) non armée.

Encouragés par la complaisance et les attentions dont ils sont l'objet ainsi que par l'absence de réaction aux multiples infractions qu'ils commettent depuis la première (l'entrée illégale), beaucoup de ces jeunes hommes exigent de passer en priorité devant les indigènes (notamment les non-musulmans qu'ils croient inférieurs), refusent de payer lorsqu'il leur est prescrit un médicament payant, refusent d'être traités par des personnes du sexe opposé, détruisent parfois du matériel pour montrer leur colère et insultent le personnel médical ou les autres patients. Enfin, dans un certain nombre de cas ils commettent des agressions physiques qui peuvent aller de la contamination volontaire (jet d'urine infectée de syphilis au visage) aux coups de couteau ou de poignard, en passant par les simples coups de poings, tout cela dans une impunité totale, même en cas de dépôt de plainte des victimes (ou des proches et témoins lorsque les victimes sont en soins intensifs), auxquelles les autorités policières et surtout judiciaires semblent ainsi vouloir signifier que ces gens-là sont couverts par une immunité au code pénal prévu pour les locaux.

Pas haï mais ennemi

Il paraît que qualifier l'intrus d'ennemi serait inamical.

Pourtant la perception d'un ennemi, c'est-à-dire sa détection et sa reconnaissance, n'implique aucune méchanceté.

Beaucoup de Français ont entendu un grand-père ou un arrière-grand-père généralement taciturne raconter, presqu'en se faisant tirer les vers du nez, le jour où, au détour d'un rocher ou d'une tranchée, il s'est retrouvé face-à-face avec un Allemand de son âge, braquant lui aussi une arme qu'on lui avait imposée à vingt ans contre sa volonté et sa conscience. En moins d'une seconde, il a eu le temps de lire dans les yeux de cet adversaire la même frayeur innocente que la sienne, la même surprise instantanée, le même désespoir de salut, et la même hésitation immédiatement rompue par la réaction certainement irraisonnée de celui qui a eu le réflexe le plus rapide. Et peut-être, pendant des années il s'est ensuite demandé si l'autre aurait, un dixième de seconde plus tard, réagi comme lui-même l'a fait, ou s'ils auraient pu lentement baisser simultanément leurs armes, se saluer de la main ouverte puis s'éloigner l'un de l'autre à reculons pour prétendre ne jamais s'être rencontrés. Au lieu de cela, l'un a terminé la guerre et s'est marié, a gagné sa vie, eu des enfants, des petits-enfants et une vieillesse, tandis que la fiancée de l'autre a fini par perdre le souvenir d'un garçon tombé au front avant d'avoir vingt ans, dont seul celui qui a croisé son dernier regard ce jour-là ne l'oubliera plus jamais. Et bien sûr, beaucoup d'Allemands ont entendu un grand-père ou un arrière-grand-père raconter la même histoire. Lorsque la confrontation était encore face-à-face sinon corps-à-corps son absurdité criminelle était facilement évidente.

Le pilote de chasse allemand Horst Rippert, s'il est celui qui a abattu l'avion de reconnaissance du commandant Antoine de Saint-Exupéry le 31 juillet 1944, l'a appris rapidement puisqu'on a annoncé immédiatement sa disparition, la région et le modèle d'avion. Lorsqu'il l'a reconnu devant les découvreurs de l'épave, soixante-quatre ans plus tard, il a dit qu'il l'avait regretté dès qu'il avait appris qui il avait tué, mais il est vraisemblable qu'il en aurait été de même quelle que fût l'identité de cet ennemi dont il n'avait pas vu le visage : sa mission était de descendre l'avion qui avait fait une reconnaissance dans les Alpes. Neil Wilkinson, l'artilleur anti-aérien anglais de l'Intrepid qui s'est rendu compte immédiatement qu'il était le seul à tirer, ce 27 mai 1982 où un Skyhawk en flammes piqua vers le sol, dit avoir été quotidiennement poursuivi par ce souvenir pendant vingt-cinq ans, avant d'apprendre que le colonel argentin Mariano Velasco avait survécu, puis de finalement le rencontrer trente ans après la guerre : sa mission était de protéger le bateau contre les attaques aériennes identiques à celles qui avaient coulé le Coventry l'avant-veille. Ces deux cas individuels largement médiatisés doivent symboliser en réalité la quasi-totalité des centaines de millions de combattants civilisés qui se sont affrontés depuis des siècles sur les champs de bataille. Il y a évidemment des gens à la psychologie forte qui arrivent à faire abstraction de la réalité par l'oubli ou la dissonance cognitive (ou parce qu'ils n'ont eu qu'à appuyer sur des boutons sans voir leurs victimes), il y a des "consciences" individuelles qui s'accommodent très bien de tuer autrui à la guerre comme au braquage, il y a aussi des chauffeurs et des mécaniciens chanceux qui ont la certitude d'avoir accompli leur mission guerrière sans personnellement occire d'ennemi. Mais, dans l'ensemble, de très nombreux guerriers volontaires ou non ont soit la certitude soit la forte suspicion d'avoir tué.

En général ils l'ont fait sans haine, et ils ont montré par la suite de leur vie qu'ils étaient des gens normaux, même s'ils restent habités de la rage envers le système, la société ou l'État qui les a mis dans cette position et leur a demandé ça. Effectivement la guerre entre les hommes est une monstruosité, comme est une abomination le régime républicain dit égalitaire qui a décidé d'étendre universellement l'obligation guerrière à toute la population, mâle du moins, transformant le duel courtois (ou du moins policé par des règles communes et un respect mutuel) d'armées de quelques dizaines de milliers de militaires en un affrontement sans merci de masses de millions de civils plus ou moins hâtivement armés.

Et certes, celui qui a passé trois ans de captivité en Allemagne, ou qui a vu la maison de son enfance bombardée emporter dans les flammes sa mère ou son petit frère, aura eu plus de difficultés à cesser de dire "les Boches" que l'ancien anti-soviétique français n'en a eu à cesser de dire "les Popofs" lorsque les Russes ont réussi à se libérer du communisme avant qu'il ne les obligeât à agresser l'Europe occidentale. Certes aussi, le civilisé confronté à la barbarie, qui a vu sa femme violée puis éventrée sous ses yeux, ses enfants écorchés puis crucifiés ou rôtis vifs et son frère émasculé puis empalé ou décapité au canif, tous actes de haine non nécessaires à la guerre telle que la conçoit le civilisé, aura plus de difficulté à rester humain et équilibré.

L'homme civilisé n'a pas attendu des conventions interétatiques écrites pour traiter ses prisonniers, sinon comme l'enseigne idéalement la religion d'amour, du moins comme le recommande pragmatiquement l'aléa du succès des armes, c'est-à-dire comme il espère être lui-même traité si d'aventure il lui arrive à son tour d'être capturé par son ennemi. L'homme éduqué sait aussi que, de même qu'un gouvernement étranger a envoyé cet ennemi le combattre chez lui, demain son propre gouvernement peut l'envoyer combattre l'ennemi chez ce dernier : le combattant ennemi n'a pas nécessairement choisi de l'être.

Non, l'inimitié n'implique pas la haine. Nommer ennemi l'étranger qui, de son propre chef ou sur ordre, a fait intrusion sur le territoire d'autrui pour y rester et en jouir comme s'il était sien, ne comporte aucune connotation sentimentale. Une reconnaissance d'inimitié n'est pas une déclaration de haine.

9 – Annihilation

Violence

L a violence n'a certainement pas la même acceptation sociale dans toutes les sociétés, ou à toutes les époques.

La "correction" physique (mesurée) des enfants était encore pratiquée dans les familles françaises et les écoles anglaises il n'y a pas si longtemps, et il n'est pas certain qu'un tribunal français condamnerait aujourd'hui une femme pour un soufflet donné à un malotru, infraction légalement punissable de 750 euros d'amende[74]. Il y a aussi certes des différences de degré d'acceptabilité de l'usage de la force dans les relations interpersonnelles, entre les sociétés latines du culte de l'amour et de la femme, les sociétés ibériques du culte de la force et de l'homme, les sociétés germaniques du culte de la spontanéité et de l'indistinction homme-femme, et les sociétés vikings en cours d'islamisation rapide. Mais, dans l'ensemble, il n'est pas admis, en Europe, qu'un homme batte sa femme (l'inverse est moins décrié) ou qu'un camionneur et un garagiste règlent leur différend aux poings. Il n'en est certes pas de même dans toutes les sociétés ou cultures.

---

[74] la police enregistre rarement les plaintes pour coups et blessures volontaires ayant entraîné moins de huit jours d'incapacité totale, et donc passibles de moins de trois ans de prison

Les intrus de 2015 viennent pour l'essentiel de sociétés où la violence est omniprésente, au niveau institutionnel comme interpersonnel.

Il y a évidemment une violence exceptionnelle, en particulier dans les zones de guerre, surtout lorsqu'il s'agit d'une guerre civile où l'enjeu n'est pas la dispute de territoires entre factions mais l'imposition d'un mode de vie à toute la population. La guerre de religion au singulier, où une idéologie entend régir non pas la relation entre l'homme et Dieu (étymologie du mot religion) mais également entre les hommes, divisés en catégories selon leur degré de soumission (*aslama* ou *islam*) et même selon leur nature (sexe), ainsi que toute la vie sociale (État et système juridique), et qui de plus légitime, codifie et professe la violence, ne peut pas être comparée à la guerre de religions au pluriel telle que l'a connue l'Europe, où des communautés se disputent un territoire sur lequel pratiquer leur religion respective, elle-même limitée à la sphère de la vie privée sans empiètement sur l'organisation de l'État de droit, et prêchant d'ailleurs, en l'occurrence, la non-violence.

Il y a aussi une violence régulière que l'on pourrait qualifier de publique (*res publica*) ou mieux communautaire, qu'elle soit exercée par un État jacobin à l'européenne ou plus simplement par une autorité tribale, parfois érigée en "pays" multi-tribal artificiel comme dans la péninsule arabique ou dans les étendues entre l'Indus et la Caspienne, et cette violence de l'autorité est considérée comme normale par la population. Elle est parfois contestée si elle est exercée par l'autre (l'autre tribu, sous couvert d'un appareil étatique), et il est d'ailleurs considéré comme légitime aussi de lui opposer une violence (collective) contre-étatique puisque le lien de vassalité n'est pas une construction fédérale égalitaire et immuable mais un ralliement circonstanciel et âprement négocié du plus faible au plus fort, régulièrement testé par les tribus qui n'abandonnent jamais leur droit aux armes, et susceptible de renversement d'équilibre.

Il y a aussi une violence civile, notamment dans les pays dont le système fondamental et juridique est l'islam, puisque d'une part celui-ci ne distingue pas de métier des armes ou de caste militaire (tout "croyant", ou citoyen en termes européens, a le devoir de combattre), et que d'autre part il donne également le pouvoir de châtiment à tout mâle libre croyant envers les femmes, esclaves et "infidèles", ne réservant pas le monopole de la violence et de la peine de mort à un système judiciaire, lequel[75] est essentiellement réservé aux litiges entre sujets de droit, les mâles libres croyants, les autres résidents non citoyens n'étant qu'objets de droit. C'est d'ailleurs en partie pour cela que la Cour européenne des droits de l'homme a déclaré la loi islamique, ou *charia,* contraire à la Convention de sauvegarde des droits de l'homme et des libertés fondamentales, le 31 juillet 2001 puis le 13 février 2003. Enfin il y a une violence domestique, légitime envers les femmes, les enfants et les esclaves (ou serviteurs). À des degrés variables suivant leurs origines (pays, éducation…), les intrus de 2015 sont habitués à exercer ou subir ces divers types de violence.

D'autre part, comme l'expliquait le psychologue Rostislav Nesnidal à l'occasion d'une opération de désarmement du camp de Vysny Lhoty (Tchéquie) fin septembre, ces migrants arrivent "*de régions où la vie n'a pas de grande valeur et où tout le monde est armé*". La journaliste étatsunienne Monica Crowley se montrait étonnée que tous ces jeunes hommes qui ont "*envahi Vienne, Salzbourg et Berlin*" portent des couteaux ; il s'agit

---

[75] lorsqu'il existe

en fait de poignards, amenés avec soi ou confectionnés artisanalement. Les pieds de chaises métalliques sont assez prisés, ainsi que, à défaut, tout objet coupant ou contondant, comme dans la Nouvelle Jungle de Calais les barres de fer de plus d'un mètre et les sabres d'abattis.

La violence d'islam est très répandue[76]. Comme le décrivent plusieurs responsables des syndicats de police allemands, ainsi que des bénévoles administrateurs de structures d'accueil, il y a régulièrement des combats entre sunnites et chiites ou entre différents courants salafistes, mais aussi une violence au sein d'une même communauté pour obliger à la prière et au port du voile. Il y a surtout une violence systématique envers les Chrétiens (parfois même de la part des islamistes infiltrés parmi le personnel d'accueil), et les unes après les autres les organisations humanitaires qui ont réussi à garder un certain contrôle de leurs structures d'accueil ont commencé à pratiquer la séparation religieuse (et sexuelle, on y reviendra). Les différents service de sécurité européens (nationaux ou communautaires) mentionnaient la prévalence du fondamentalisme parmi les intrus bien avant les meurtres de la bande belge le 13 novembre à Paris.

Il faut néanmoins distinguer entre sympathie et action : le fait qu'en juillet 2014, d'après l'institut de sondage anglais ICM Research, 16 % des Français, soit dix millions, aient une opinion favorable de l'État Islamique en Irak et au Levant, ne signifie pas que les deux tiers des quinze millions de Musulmans de France (estimation de l'ancien ministre délégué à la Promotion de l'égalité des chances, Azouz Begag, le 26 octobre 2015) soient prêts à

---

[76] *"il n'y a pas d'islam modéré et d'islam immodéré, l'islam c'est l'islam"* rectifiait le premier ministre turc Recep Tayyip Erdoğan, ancien séminariste mahométan et assistant moufti, le 21 août 2007

passer à l'action, même si le gouvernement leur autorise la guerre "sainte"[77]. En temps de normalité les sympathisants d'une cause sont loin d'être tous des activistes, même si lorsque la normalité s'écroule, et qu'une pression sociale voire violente s'exerce, un plus grand nombre peut franchir le pas. Par exemple il est vraisemblable qu'une bonne fraction des véritables Syriens (certes très minoritaires parmi les intrus de 2015), parmi lesquels beaucoup ne seraient pas partis chercher meilleure fortune en Europe s'ils ne savaient leur famille en sécurité sous protection gouvernementale dans une région encore libre ou dans un camp de regroupement, sont ou étaient franchement hostiles à l'agression islamo-atlantique contre leur pays.

Quant à l'annonce dudit État Islamique en Irak et au Levant, début septembre, selon laquelle il avait déjà fait passer 4000 moudjahidines (noyés parmi cent fois plus d'intrus), elle n'est pas à prendre pour argent comptant, d'une part parce qu'il s'oppose généralement au départ de ses "ressortissants", et d'autre part parce que cela représenterait de l'ordre de 2 à 10 % de ses effectifs (selon l'estimation qu'on en retient), soit un effort important[78]. Ce qui est plus vraisemblable, c'est qu'une opération de radicalisation a été systématiquement entreprise dans les convois au cours du long périple, l'allégeance à un mouvement fort et actif étant beaucoup plus facile à obtenir parmi des colonnes de jeunes hommes démunis et déracinés, en position de précarité voire de détresse (sur le

---

[77] par la voix du ministre de l'Intérieur Bernard Cazeneuve qui a déclaré le 5 août 2014 que "*ce n'est pas un délit de prôner le djihad, ce n'est pénalement pas répréhensible*" en sachant que si cette pratique était interdite il serait illégal et répréhensible de la prôner

[78] www.stratediplo.blogspot.com/2015/09/ces-4000-moudjahidines-infiltres-parmi.html

radeau pneumatique de Mahomet la vie tient à une main tendue) et en situation de délinquance et d'invisibilité légale, que parmi des familles à l'aise dans leur village, soutenues par leur tribu et citoyennes d'un État régalien. Diverses enquêtes, en Allemagne comme dans les pays scandinaves, montrent d'ailleurs que les intrus sont, dès l'arrivée dans les pays de destination, pris en compte par des réseaux intégristes, ce qui semble confirmer qu'il y a des accompagnateurs dans chaque convoi. À l'arrivée, beaucoup de manifestations de revendication ont lieu aux cris de "*Allah Akbar*", même si les médias européens ne le rapportent pas toujours. De toute façon le fait même que ces manifestations "spontanées" et illégales d'intrus illégaux puissent toujours avoir lieu, sur la voie publique et en présence de forces de maintien de l'ordre, alors que les préavis de manifestations légales de citoyens souhaitant protester pacifiquement contre l'envahissement sont systématiquement rejetés par les autorités, constitue un signal, certainement volontaire, que les manipulateurs et agitateurs de foules d'intrus savent capter et interpréter.

Cette violence omniprésente peut parfois prendre un tour transfrontalier donc interétatique, comme lorsque, le 16 octobre, une quarantaine d'hommes (apparemment afghans) ont lancé une incursion armée de Turquie en Bulgarie, attaquant près de Sredets les garde-frontières bulgares qui, submergés par le nombre, durent riposter, faisant un mort parmi les attaquants.

Mais elle peut aussi déboucher sur un autre type de conflit qu'international. À Calais comme à Dunkerque, des policiers et gendarmes sont régulièrement attaqués et blessés, alors qu'ils portent leurs armes apparentes, comme si on voulait les pousser à les utiliser. En fait la Nouvelle Jungle et ses environs sont entrés en état d'insurrection permanente le 8 novembre. La préfecture du Pas-de-Calais attribue les provocations croissantes au mouvement No

Border, qui pousse les intrus à violer la propriété privée et voler, les incite à attaquer les forces de l'ordre (et porte plainte contre celles-ci ensuite), les aide à se procurer des armes blanches... Le préfet Fabienne Buccio a expressément dénoncé le 10 novembre "*certaines associations comme No Border qui les organisent, qui leur donnent des outils pour venir à la rencontre des forces de l'ordre*". Les syndicalistes policiers notent eux aussi que la situation s'est brusquement dégradée en quelques semaines, non pas suite à une arrivée de plus gros contingents d'illégaux mais suite à une intervention plus appuyée de No Border. Le ministre de l'Intérieur Bernard Cazeneuve a qualifié les activistes de No Border de "*personnes irresponsables qui instrumentalisent la misère*", et son porte-parole Pierre-Henry Brandet les a accusés de vouloir attiser la haine chez les migrants. Sauf erreur ces personnes coupables du délit d'incitation à l'émeute au sens des articles 431-6 et 433-10 du Code pénal sont toujours en liberté, leurs sites internet ont toujours pignon sur web et leurs comptes bancaires reçoivent toujours les dons ou subventions. C'est effectivement par l'enregistrement systématique des réactions policières après provocations violentes que No Border a pu saisir le Défenseur des droits, d'abord en 2011 puis de nouveau en 2015. Mais il n'est pas exclu que l'ampleur des provocations et des incitations actuelles vise autre chose, au moins à titre de test. Pour mémoire, au plus fort des émeutes 1000 membres des forces de maintien de l'ordre de deuxième catégorie (CRS et gendarmerie mobile) ne sont pas arrivés à ramener le calme parmi (la fraction active de) 6000 intrus. Le maire Natacha Bouchart a réclamé plusieurs fois "l'intervention de l'armée", possibilité que, à la mi-octobre, le ministère de l'Intérieur a déclaré étudier, alors qu'elle aurait été une décision très grave[79]. De nouveau le 28 décembre, trois jours après la vandalisation d'une cinquantaine de voitures sans autre but que l'intimidation des Calaisiens, le maire a demandé une nouvelle fois le "déploiement de l'armée".

Le 13 octobre, une foule d'intrus masqués et armés de bâtons a manifesté à Celle, en scandant "*Allah Akbar*". Le 3 décembre près d'Idomeni, une foule d'Iraniens exigeant d'être admis en Macédoine ont établi des barricades et empêché par la force les présumés réfugiés (Syriens et Irakiens) de passer, puis pris en otage et brandi comme boucliers des enfants face aux policiers anti-émeutes grecs qui tentaient de les faire reculer pour démanteler les barricades. Le 8 décembre, une autre foule qui voulait imposer son passage de Grèce en Macédoine (qui ne laisse plus passer que les Syriens, Irakiens et Afghans) a déployé une grande banderole menaçant "*open or die*".

Tous ces faits de violence, prise d'otages, insurrection et menaces font l'objet d'une impunité quasiment totale.

Crimes

Les intrus sont tous coupables de l'intrusion illégale, en infraction et souvent par effraction, même si certains gouvernements ont décidé de ne plus la considérer et traiter comme un délit. Mais, de plus, certains sont coupables de crimes, d'autant plus graves que ces crimes leur servent de ticket d'entrée sur le continent où ils aspirent à être reçus.

---

[79]   www.stratediplo.blogspot.com/2015/10/deploiement-militaire-calais.html

Régulièrement, la marine italienne apprend de certains rescapés qu'un massacre a eu lieu en mer. Les témoignages qui filtrent jusqu'à la fraction de la presse prête à les entendre, mais aussi très certainement le renseignement recoupé et évalué que les services spécialisés rapportent aux gouvernements, font état d'une pratique systématique de la part des négriers de Tripolitaine et Cyrénaïque. Comme on le sait, les malheureux sont concentrés dans des maisons aux fenêtres clouées ou murées, sans contact avec la population côtière ou les rescapés des précédents départs ratés, ignorent jusqu'à l'embarquement qu'ils seront entassés sur des radeaux pneumatiques au fond sommairement renforcé de planches, et ignorent jusqu'au départ qu'ils seront lancés seuls, sans pilote, le passeur se contentant de téléphoner au centre d'appels de la marine italienne pour annoncer un départ et une localisation. Or, dans les consignes données rapidement au chef de bord désigné au dernier moment parmi les passagers, qui inévitablement s'inquiète de la surcharge manifeste de l'esquif, figure celle de passer par-dessus bord, en cas de nécessité, les indésirables, c'est-à-dire les minorités (Chrétiens habituellement, anglophones parfois, ethnies minoritaires le cas échéant). Lorsque la mer est particulièrement calme et que le radeau est repêché rapidement cette consigne n'est pas appliquée, mais dans de nombreux cas elle l'est, ce qui équivaut à une exécution collective puisque la très grande majorité des Africains subsahariens ne savent pas nager. Dans quelques cas où certains passagers ont été personnellement désignés par d'autres comme ayant procédé aux assassinats, la marine italienne les a remis à la police de Palerme, mais dans la plupart des cas les passagers (survivants, donc appartenant à la communauté majoritaire) ne rapportent pas les faits ou ne désignent pas de suspects, assumant donc la complicité du meurtre par lequel ils sont arrivés en Europe, ce qui ne peut pas être sans conséquences psychologiques.

La pratique fréquente du meurtre sur les canots surchargés n'est pas exclusive de celle de la prise d'otages sur les embarcations plus solides. Par exemple, dans un cas rapporté, car important en nombre, le 23 septembre, à l'approche des garde-côtes italiens des hommes ont brandi au-dessus de l'eau des bébés arrachés à leurs mères ou prêtés par celles-ci, avec l'apparente ferme intention de les noyer s'ils n'obtenaient pas l'assurance immédiate d'être reçus et gardés en Italie (ils n'entraient pas dans la catégorie de réfugiés). Leur chantage dura un moment, les otages maintenus à bout de bras au-dessus de l'onde pendant tout le temps des "négociations" (ou exigences). Leur bateau a effectivement été remorqué jusqu'à Catania, tous les passagers ont bien été reçus comme immigrés, et aucun d'entre eux n'a été présenté à la justice ni même à la police. Pour les civilisés (Chrétiens ou humanistes) une telle tolérance signifie l'incroyable acceptation de la prise d'otages et de la menace de massacre comme moyen non répréhensible d'obtenir satisfaction, pour les Musulmans elle signifie la confirmation du droit de vie et de mort de l'homme sur les enfants, siens ou étrangers. Qu'elle fasse jurisprudence ou qu'elle reste un fait exceptionnellement connu (neuf cents passagers en ont été témoins outre les marins italiens) tandis que d'autres similaires seront occultés, l'issue de cette prise d'otages représente un sérieux recul de la civilisation en Italie.

Sur les frontières terrestres on voit régulièrement des bébés passés de mains en mains comme sésame pour se faire ouvrir une barrière ou admettre dans un train (puis repassés aussitôt vers l'arrière), des enfants poussés de force en première ligne pour enfoncer un grillage ou prendre devant la caméra un jet de lacrymogène provoqué par des jets de pierres, voire des bébés violentés, saignés puis mis en scène pour émouvoir les consciences européennes par des images emblématiques… certes pas toutes diffusées par les médias dont la complaisance compassionnelle doit aussi tenir compte de la sensibilité parfois pudique d'opinions européennes qui préfèrent, dans certains pays plus que dans d'autres, la suggestion au voyeurisme.

En fait la moitié des enfants entrés illégalement dans l'espace Schengen disparaît immédiatement[80]. Parmi les 24 000 mineurs enregistrés en 2013, 12 000 n'ont fait l'objet d'aucune demande de refuge et n'ont été présentés à aucun service administratif ou social. D'après la Fédération européenne pour les enfants disparus et sexuellement exploités, la moitié de ceux enregistrés à l'entrée disparaissent dans les quarante-huit heures suivantes ; mais d'après Missing Children, seule une minorité est de toute façon enregistrée car les parents ne voudraient pas risquer d'être renvoyés vers le premier pays d'arrivée, qu'ils considèrent comme routes de transit vers la terre promise, scandinave ou germanique en priorité.

La tolérance tacite, mais acceptation effective, de toutes ces pratiques criminelles comme moyens d'entrée équivaut à une "récompense du crime" et un encouragement de fait. Et on parle bien là de crime, pas de délit.

---

[80] Parallèlement au trafic négrier, alimenté par le volontariat au départ de jeunes hommes, a lieu un trafic d'esclaves, alimenté par l'enlèvement d'enfants. Celui-ci est numériquement très marginal par rapport au premier mais il est qualifié de véritable "drame national" par le gouvernement égyptien. La moitié des Égyptiens entrant illégalement en Italie, soit 2000 sur 4000 pour l'année 2014, sont des mineurs commandés par des réseaux établis à Rome, reçus par ceux-ci dès leur livraison par les passeurs (qui pilotent de vrais navires jusqu'à destination), et vendus comme esclaves à des réseaux de prostitution, de commerce de drogue et de travail forcé.

Viols

Un crime, du moins il est encore considéré comme tel en Europe, mérite une mention particulière compte tenu de son expansion rapide à grande échelle, c'est le viol.

Partout, des îles grecques aux campements du Pas-de-Calais en passant par les routes du sud de l'Italie et les villages d'Europe centrale, ce ne sont pas des harcèlements dans la rue mais des viols en fréquence croissante qui ont amené les parents à interdire aux filles de sortir, et les policiers à leur recommander de ne pas s'approcher des centres d'accueil ou des voies de transit. On ne retire pas sa fille de l'école, dans un pays développé à scolarité obligatoire, ou on n'abandonne pas sa maison pour aller vivre chez de la famille, dans un pays où on dépend économiquement de son emploi, sans une mûre réflexion sur les conséquences du changement de vie ou de la passivité.

La fondation du Grand Orient de France, dont le président Daniel Keller a visité la Nouvelle Jungle de Calais le 14 septembre, a lancé un appel aux dons en insistant entre autres sur la nécessité de construire une structure d'accueil pour les femmes pour diminuer les "*agressions physiques et sexuelles dans un camp regroupant une très large majorité d'hommes*"[81].

En Allemagne les rapports sur les viols s'accumulent, et certaines provinces obligent maintenant les organisations humanitaires à prévoir des structures séparées pour les femmes (et les enfants), de toute façon

---

[81] ce qui n'est certes pas une explication suffisante au phénomène, comme le savent les femmes qui servent et vivent sans difficultés dans une armée française très largement masculine

extrêmement minoritaires dans les flux actuels. Le viol est maintenant très généralement reconnu comme un phénomène indissociable de cette migration masculine de masse, chaque nouvelle semaine apportant son lot de faits divers que la presse ne peut systématiquement cacher. On ne pourrait citer ici toutes les villes allemandes, ainsi que des villages ou grands carrefours, qui ont fait tour à tour la une des journaux (une affaire par semaine plus celles ignorées) pour des cas majeurs, et tous les camps ou centres d'hébergement qui ont été le théâtre de viols en grand nombre avant qu'on ne commence, et ce n'est pas encore fait partout, à pratiquer la ségrégation sexuelle. Au-delà des actes individuels ou en groupe, il y a dans ces camps des réseaux organisés de mise en esclavage et de prostitution forcée. Johannes Wilhelm Rörig, Commissaire fédéral pour les abus d'enfants, devine que le nombre de viols est très largement supérieur à ce qui est dénoncé ou découvert, ce qui est évident puisque même parmi les populations les plus ouvertes et éduquées des pays développés où les femmes ont des droits effectivement défendables devant les autorités, moins de 10 % des femmes violées affrontent la honte de confesser leur viol ou de porter plainte. La lettre des quatre organisations d'action sociale de Hesse aux autorités insiste sur le fait que les viols ne sont pas des faits isolés mais une pratique quasiment systématique, que certains camps où des femmes ont été introduites sans méfiance sont devenus des terrains de chasse où des bandes d'hommes passent leur temps à traquer les femmes, et qu'il faut absolument intervenir, séparer les sexes et fournir des zones (dortoirs, cuisines, toilettes) qui ferment à clef et communiquent entre elles sans nécessité de traverser les zones ouvertes sauvages. Le centre d'accueil de la Bayerkaserne est présenté par ses travailleurs sociaux comme "*le plus grand bordel de Munich*".

Ne sont pas violées seulement les immigrantes, mais aussi le personnel des centres d'accueil, les volontaires d'accompagnement, etc. car beaucoup d'organisations humanitaires reposaient sur du bénévolat féminin et n'avaient pas prévu cette vague de violence de la part de leurs protégés envers leurs bienfaitrices. Certaines organisations ont temporairement fait appel à des vigiles privés d'accompagnement, le temps de masculiniser leur personnel ou de prendre des dispositions de retrait. On a su que le mouvement No Border, à Vintimille par exemple, pratique l'intimidation, accompagnée de l'appel à la "conscience" de l'importance de ne pas nuire à la cause immigrationniste (culpabilisant ainsi la victime), pour étouffer les viols de bénévoles.

Le nombre de viols augmente de façon inquiétante aussi jusqu'au centre des villes, et de plus en plus d'écoles ou autres institutions allemandes recommandent aux fillettes et aux parents d'abandonner les jupes ou culottes courtes qui peuvent "offenser" les intrus et les "provoquer" au viol, langage parfois utilisé aussi par certaines autorités (y compris policières) en France et en Italie. En Norvège cette recrudescence d'agressions sexuelles, inconnues avant la grande vague d'immigration, a au contraire fait penser que c'étaient les intrus qui avaient besoin d'éducation, et il a été conçu un programme obligatoire de cinq heures de cours de "*mœurs occidentales et éthique sexuelle*" (en clair Morale) à l'attention de ces hommes venant d'un autre monde qui ont besoin qu'on leur explique que "*quand une femme dit non ça signifie non*", selon l'expression de Linda Hagen, qui dirigeant trente-quatre centres d'accueil n'a certainement pas le temps de chercher dans le Coran et les Hadiths la question du consentement des captives "infidèles". Elle n'a pas d'ailleurs plus de temps pour lire le code pénal de son pays ou la charte européenne des droits de l'homme puisqu'après la razzia du 31 décembre 2015 elle a déclaré que "*il n'y a aucun code culturel unique européen pour définir ce qui est vraiment bon ou mauvais et le comportement à adapter dans une société européenne*". Un programme d'éducation du même type[82] est à l'étude au Danemark, et après l'historique (jusqu'à effacement par pire) razzia sur les femmes européennes la nuit du 31 décembre 2015, qui n'a pas épargné Anvers, le secrétaire d'État belge à l'Asile et la Migration, Theo Francken, a annoncé des cours de respect de la femme dans les centres d'accueil pour migrants.

Le Haut-Commissariat de l'ONU pour les Réfugiés, qui avait notamment dénoncé les nombreuses agressions sexuelles sur les Lesbiennes (habitantes de l'île de Lesbos), a sonné l'alerte en octobre sur l'étendue et la généralisation du viol des femmes incorporées aux flux de migrants, mais aussi de beaucoup d'enfants. D'ailleurs 30 % des Suédoises violées, selon un rapport de 2013, ont moins de quinze ans.

C'est dans les pays scandinaves, où l'islamisation est la plus avancée, que le phénomène était jusqu'à présent le plus notable. Pour prendre le cas de la Suède, pays d'immigration intensive où une personne sur six est née à l'étranger, le nombre annuel de viols rapporté à la population était en 2008 le deuxième plus élevé au monde après le Lesotho (données de l'Office des Nations Unies contre la drogue et le crime), et près de dix fois supérieur à la moyenne européenne. Selon le dernier rapport distinguant la criminalité selon la nationalité, diffusé en 2006 sur des données de 2002, 85 % des viols étaient commis par des étrangers (et le reste par des Suédois de parents étrangers). Avant que ces statistiques soient interdites, on avait noté en dix ans une triplication du nombre de viols (et sur quarante ans une augmentation de 1472 % ou multiplication par seize), et surtout un accroissement très important des viols collectifs,

---

[82] c'est-à-dire portant sur la forme plutôt que sur le fond et visant la socialisation apparente plutôt que la civilisation véritable

auparavant inconnus en Suède, encouragés par la tendance de la justice soumise à les absoudre si les agresseurs étaient suffisamment nombreux pour immobiliser leur victime sans lui porter de coups. D'après le rapport sur la discrimination sexuelle, édition 2013, du Forum économique mondial, la Suède est désormais le pays le plus dangereux pour les femmes hors Afrique. Mentionner publiquement ce problème en Suède est maintenant pénalisé, et le 10 janvier 2016 la police de Stockholm a reconnu qu'elle avait, comme son homologue allemande, des consignes de silence.

En Allemagne, au deuxième semestre 2015 certains journaux ont utilisé le terme d'épidémie de viols, comme si c'était une maladie dont la diffusion était imparable, tandis que d'autres occultaient les faits qui leur étaient rapportés, sans que l'on sache jusqu'à janvier 2016 que ce n'était pas uniquement par autocensure médiatique mais aussi par censure politique. Certains cadres de police ou dirigeants syndicaux comme Rainer Wendt comprenaient que le sujet était politiquement sensible mais dénonçaient la stratégie d'occultation de la gravité et de l'ampleur du problème, déjà avant le 31 décembre 2015.

Mais la razzia de Cologne le 31 décembre 2015 mérite une mention particulière, bien qu'elle soit appelée à être rapidement déclassée par des événements d'une ampleur supérieure (même si les principaux responsables policiers de Rhénanie du Nord et Westphalie mais aussi d'Allemagne ont alors parlé d'un crime collectif d'une dimension entièrement nouvelle), parce qu'elle a révélé la complicité politique au plus haut niveau.

D'abord est apparue la volonté de couvrir les criminels, quitte[83] à leur assurer l'affluence de futures victimes non méfiantes, par l'occultation des faits, jusqu'à ce que les centaines de femmes violées ou assaillies éconduites par la police commencent à s'exprimer et se regrouper sur les réseaux sociaux télématiques, ce qui incita des journaux mineurs dissidents à enquêter. Chose rare, le 5 janvier la télévision publique ZDF s'est excusée d'avoir négligé de rapporter les "incidents" (qui en droit allemand sont pourtant bien des crimes, pas des infractions ou des délits). Mais il a fallu encore plusieurs jours pour qu'on apprenne que le silence sur tous les crimes et délits commis par les intrus est "recommandé" par le pouvoir exécutif au médiatique[84], pour ne pas "stigmatiser" les coupables mais aussi pour ne pas *provoquer de troubles sociaux*", ce qui laisse entendre d'une part que le gouvernement allemand ne considère pas l'agression sexuelle de masse et simultanée dans plusieurs grandes villes comme un trouble, et d'autre part qu'il considère que les intrus font partie de la société allemande alors qu'ils n'y ont ni vocation ni inclination (ni droit puisque même le statut de réfugié est temporaire). Au-delà d'un simple fusible politique courant en démocratie, le limogeage du directeur de la police Wolfgang Albers le 8 janvier, pour la "catastrophe informationnelle" selon le directeur du syndicat de police Ernst Walter, c'est-à-dire pour avoir révélé le 5 la stricte censure politique (alors qu'on aurait pu limoger un obscur scribouillard berlinois préalablement accusé de consignes de silence abusives), a confirmé que celle-ci continuerait.

---

[83] ou de manière ?

[84] le ministère de l'Intérieur de Hesse par exemple a admis qu'il avait émis des recommandation de discrétion aux médias

Puis est apparue la volonté d'excuser les perpétrateurs, la description d'une organisation voire d'une coordination (selon le ministre allemand de l'Intérieur Heiko Mass) laissant entendre qu'il suffirait d'identifier quelques meneurs pour résoudre la question, alors que l'extension des faits collectifs non seulement en Allemagne (Hambourg, Berlin, Francfort, Stuttgart, Bielefeld, Düsseldorf, Nuremberg…) mais, apprendra-t-on près de dix jours plus tard, dans toute l'Europe (Vienne, Salzbourg, Helsinki, Anvers, Zurich…) milite plutôt en faveur d'une prédisposition culturelle (ce que laisse d'ailleurs entendre l'adoption presque excusatrice du mot *taharrush gamea* par certaine presse) n'attendant qu'un petit échauffement collectif voire simplement l'opportunité. Le ministre Heiko Mass souhaite trouver les raisons de cette opération préméditée et du choix de la date, comme si les polices d'Europe n'étaient pas de toute façon sous-dimensionnées pour faire face à cela, comme l'a clairement établi le rapport interne de la police fédérale du 4 janvier, comme l'a démontré aussi l'impotence de la police d'Helsinki, en Finlande, qui d'après son directeur adjoint Ilkka Koskimaki s'était pourtant préparée à un niveau exceptionnel, ayant eu vent de ce qui allait se passer.

Ensuite est apparue la volonté d'assurer l'impunité aux criminels et le déni de justice même *a posteriori* aux victimes, avec la consigne stricte non seulement de ne pas révéler à la presse (le ministère de l'Intérieur de Saxe a déclaré qu'en 2015 seuls trois délits avaient été révélés à la presse sur 1006 délits et crimes de migrants) mais également de ne pas enregistrer les délits et crimes dès que des intrus y sont impliqués, comme l'ont d'ailleurs constaté des victimes tentant de déposer plainte à Cologne, et comme des cadres de la police à Francfort et en Rhénanie du Nord et Westphalie ont déclaré qu'ils en avaient reçu l'ordre express. La police peut soumettre des fillettes à plusieurs heures d'intimidation hors présence des parents pour tenter de leur faire admettre qu'elles étaient consentantes, alors mêmes que leurs violeurs se vantent de leur défloration collective sur Facebook, comme dans le cas de la petite Lisa de Berlin début janvier 2016.

Et enfin, pire que tout ce qui précède, est apparue la volonté d'imposer à la population allemande, notamment féminine, un changement radical de mœurs et de valeurs. Au motif de "ne pas faire le jeu de l'extrême droite", les politiciens ont choisi de faire celui de la tyrannie, soumettant au crime de masse la société qui les a élus et les rémunère pour la protéger. C'est le sens de la culpabilisation des victimes, blâmées par exemple par l'accueillante professionnelle norvégienne Linda Hagen pour leurs "*attitudes européennes immorales aux yeux des immigrés sur le plan traditionnel ou religieux*", comme si le viol n'était pas lui-même aussi une attitude immorale aux yeux des autochtones sur le plan traditionnel, religieux, philosophique et légal. Mais le sermon le plus fameux est celui du maire de Cologne Henriette Reker (qui avait nié que les agresseurs fussent étrangers), qui le 5 janvier, juste après que la chancelière fédérale Angela Merkel l'ait orientée par téléphone, donna une conférence de presse accusant les victimes de s'approcher au corps-à-corps des violeurs potentiels, de ne pas appeler la police, et plus généralement d'avoir un comportement inadapté (sans préciser à quoi ni ce qui avait changé), leur intima en conséquence de s'adapter et annonça l'élaboration d'un "*code de conduite*" des femmes.

Au-delà d'un formidable message de compréhension et d'encouragement envers les perpétrateurs, cela annonçait surtout que la classe politique comptait soumettre l'Allemagne, ou du moins les Allemandes, à un nouveau contrat social venu d'ailleurs.

QUESTION SANS RÉPONSE ?

10 – Intentions

Réactions feintes

Confrontés à une opposition croissante de la partie la plus alerte et lucide de leurs peuples respectifs, les gouvernements d'Europe ont été obligés de prétendre prendre des mesures pour atténuer les effets de leurs politiques et discours d'appel à l'inode.

La plus belle feinte est celle esquissée le 13 septembre par le gouvernement fédéral allemand, contre toute attente (le 4 la chancelière avait encore annoncé que l'Allemagne accueillerait des dizaines de milliers de réfugiés), à savoir la suspension subite des accords de Schengen et le rétablissement des contrôles à sa frontière avec l'Autriche, juste trois semaines après avoir sommé la Grèce et la Hongrie de laisser entrer sur leurs territoires des centaines de milliers de hors-la-loi "en transit vers l'Allemagne". C'était nécessaire pour sauver l'unité de l'Allemagne puisqu'après d'incessants appels du gouvernement bavarois à la fermeture des frontières ou au moins à une aide fédérale pour gérer le chaos imposé à la province depuis trois semaines, la Bavière venait en désespoir de cause de décider la restauration de sa souveraineté pour reprendre le contrôle de ses frontières[85], défendre son intégrité territoriale, son identité humaine et la

---

[85] ouvertes par l'Allemagne à des dizaines de milliers d'intrus sur deux semaines dont 14 000 le 12 septembre

sécurité de sa population déjà traumatisée par les viols à grande échelle. Certains sondages non publiés indiquaient que l'option indépendantiste, qui n'intéressait qu'un Bavarois sur cinq en 2011, était devenue en deux semaines la seule solution pour déjà la majorité d'entre eux. L'Autriche était prête à coopérer avec la Bavière plus peuplée et de même culture, et l'Allemagne n'a pas les moyens militaires de s'opposer à la sécession. Le ministre-président Horst Seehofer (soutenu par le maire de Munich submergée Dieter Reiter et la population bavaroise) a passé de nombreuses nuits blanches à tenter de percer la surdité de la chancelière Angela Merkel, et ne pouvait pas trouver d'autre option. Le gouvernement fédéral a donc décidé en réunion de crise de prétendre restaurer des "contrôles" (sans tri ni rejet) aux frontières, comme autorisé par l'accord de Schengen en cas de menace à l'ordre public ou à la sécurité nationale (et en prime suspendit le trafic ferroviaire avec l'Autriche pour vingt-quatre heures).

C'étaient toujours quelques semaines de gagnées, le temps que la Bavière déploie une police rapidement formée à la garde des frontières (un métier qui n'existait plus depuis une génération), puis qu'elle comprenne d'une part que l'Allemagne n'autorisait pas à refouler mais simplement à enregistrer, c'est-à-dire confirmer l'admission des intrus, et d'autre part qu'elle ne comptait pas y dédier de moyens permettant de contrôler plus d'une personne sur dix, les autres passant sans entrave. Dix jours plus tard, le 24 septembre, le ministre-président Horst Seehofer a évoqué cette question avec le premier ministre hongrois Viktor Orbán, et un mois plus tard il a encore prévenu le gouvernement fédéral (qui le renvoie de réunions politiques en commissions d'étude) que la Bavière allait devoir agir seule.

De son côté le 3 septembre, en prétendue réaction à l'accusation du président turc Recep Tayyip Erdoğan d'avoir "*transformé la Méditerranée en cimetière de migrants*", le lendemain de la publication de la photographie du cadavre du petit Aylan Kurdi[86], la Haute Représentante de l'Union européenne pour les affaires étrangères et la politique de sécurité Federica Mogherini a proposé aux ministres de la défense de l'Union européenne de renforcer la lutte contre les trafiquants d'êtres humains en Méditerranée, en passant début octobre à la deuxième phase de la mission EU Navfor Med montée en puissance du 18 mai au 27 juillet, dont la première phase n'avait eu pour objet, pendant trois mois, que la collecte et l'analyse d'informations. Cette nouvelle phase était censée lutter activement contre le trafic de migrants en haute mer, donc à l'exclusion de la mer Égée, puisque les côtes turques d'où les trafiquants lancent les rafiots ne sont qu'à quelques kilomètres des côtes grecques prises d'assaut, donc à l'exclusion précisément des chenaux par où passait déjà plus des quatre cinquièmes de la traite, et sur lesquels l'actualité un peu récupérée venait de braquer les projecteurs. Bref, elle a fait beaucoup de vent, très médiatisé, pour confirmer le rythme bureaucratique et la concentration de l'effort là où n'était pas le cœur (et le corps statistique) du problème.

Toute la presse a alors titré sur l'entrée de l'opération EU Navfor Med (rebaptisée Sophia) en deuxième phase, qui est devenue effective le 7 octobre, et qui, dans l'intention affichée de "démanteler les réseaux de passeurs" sans mettre un pied sur le sol de Tripolitaine ou Cyrénaïque, devait inspecter les (papiers des) navires ne

---

[86] occasion pour de nombreux politiciens d'exprimer publiquement bien plus d'émotion que la découverte en Autriche six jours plus tôt de soixante et onze cadavres dans un camion frigorifique auquel le système Schengen avait permis de passer la frontière austro-hongroise sans contrôle

battant aucun pavillon et éventuellement, s'ils s'avéraient se livrer à la traite d'êtres humains, arrêter et traduire en justice leurs commandants (l'Italie a proposé de les déférer devant ses tribunaux), c'est-à-dire pas une seule initiative de plus que ce que prévoit le droit international maritime. L'époque est pourtant révolue où de vieux gros bateaux étaient affrétés par des réseaux organisés pour une dernière traversée sans retour et abandonnés (en vedette rapide) par un équipage professionnel, souvent turc, avant échouage devant une plage italienne ou maltaise. Sauf erreur, l'essentiel du trafic consiste maintenant en canots pneumatiques et barques de bois consommables lancés par des artisans indépendants qui ne quittent pas eux-mêmes la côte tripolitaine ou cyrénaïque, et la seule chose qui puisse ressembler de loin à un réseau est la liste de numéros de téléphone portable de passeurs que les négriers en 4x4 du désert ont dans leurs propres portables. Bien que personne n'ait mentionné jusqu'à présent cette possibilité, on peut facilement imaginer que, s'agissant d'un trafic estimé à un tiers des revenus de l'ex-Libye, ces artisans passeurs paient une protection ou louent une concession de plage à des bandes tribales elles-mêmes actionnaires des factions à ambition gouvernementale politiquement soutenues par l'ONU, mais on voit mal comment l'arraisonnement ou le recueil des radeaux de Mahométans en pleine mer par six navires européens pourrait perturber leur activité.

Puis le 9 octobre le Conseil de sécurité de l'ONU a adopté la résolution 2240 proposée par le Royaume-Uni, autorisant les pays engagés contre la traite d'êtres humains à inspecter les bateaux naviguant en haute mer au large de la Tripolitaine et de la Cyrénaïque, et le cas échéant à saisir, en mer et sur le fait, les bateaux effectivement utilisés à ces fins. Dans tous les cas les passagers seront conduits en Italie. L'Union européenne assure qu'elle souhaitait pouvoir agir dans les eaux ex-libyennes (on parlait même de raids sur les repaires de négriers), mais l'opposition de certaines factions, rivales entre elles, à ambition gouvernementale, semble avoir été plus prise en considération que, en comparaison, celle du gouvernement unanimement reconnu de la république arabe libyenne en 2011. Quoi qu'il en soit, cette résolution, certes intéressante par sa constatation d'un état de guerre, n'a pas non plus apporté la moindre nouveauté par rapport à ce que permet le droit de la mer, et à ce que l'Union européenne avait déclaré commencer à faire deux jours plus tôt.

En France, dénonçant le détournement irrégulier des procédures aux fins de désengorger Calais, le 5 novembre Pierre Grenier, de l'association protestante CIMADE (Comité inter-mouvements auprès des évacués), notait que, alors qu'un placement en Centre de rétention administrative a légalement pour objet la préparation de l'expulsion d'un étranger en situation régulière, la préfecture du Pas-de-Calais l'utilise pour éloigner simplement de Calais, en décidant des mesures de rétention, ordonnant le transfert vers des centres dans d'autres régions, puis abrogeant les mêmes mesures de rétention quelques jours plus tard (alors qu'elles peuvent être prorogées jusqu'à trente-deux jours pour la recherche de l'identité), rendant les intrus à la liberté mais loin de Calais… où, concluait-il, ils reviennent en quasi-totalité.

Justement le 13 novembre, le Contrôleur général des lieux de privation de liberté, Adeline Hazan, a émis une longue recommandation au gouvernement, suite à une enquête sur ce dispositif, utilisé depuis le 21 octobre, de transfert d'un grand nombre d'intrus (pris en charge par l'État on ne peut les appeler clandestins) du Centre de rétention administrative de Coquelles dont ils relèvent territorialement (ayant été interpellés à Calais) vers ceux de Metz, Marseille, Rouen-Oissel, Paris- Vincennes, Toulouse-Cornebarrieu, Nîmes et Le Mesnil-Amelot. Cette enquête avait fait apparaître que ces personnes étaient transférées quelques heures après leur interpellation, à peine signés les décisions d'obligation de quitter le territoire français sans délai de départ volontaire et les arrêtés de placement en rétention administrative, par le préfet du Pas-de-Calais. Moins de cinq jours après leur arrivée dans un nouveau Centre de rétention, 2 % des intrus étaient réadmis dans un autre pays de l'Union européenne (où un parent avait déposé un dossier), 9 % faisaient l'objet d'une prolongation de rétention, c'est-à-dire d'un début de mesure d'éloignement (vers un pays dont ils avaient déclaré la nationalité et où ils étaient expulsables) et le reste, à savoir 89 %, était simplement remis en liberté par diverses autorités, dans deux tiers des cas la préfecture du Pas-de-Calais, vers lequel ils reprenaient alors la route. Le Contrôleur général des lieux de privation de liberté y a vu une pratique esthétique (désengorgement de Calais), inutile, injustifiée et traumatisante ; il n'a pas opiné sur son coût mais a bien remarqué que tous les services policiers, judiciaires et sociaux concernés étaient débordés. Dans sa réponse du 23 novembre, le ministre Bernard Cazeneuve, cherchant des justifications, exposa notamment que les intrusions ou tentatives dans le tunnel sous la Manche s'étaient élevées à 15000 rien qu'en juillet soit cinq fois plus que toute l'année 2014, et que Calais voyait arriver depuis octobre de nombreux migrants venant d'Allemagne. Il insista surtout sur la difficulté de prononcer des mesures d'éloignement en l'ignorance de l'identité et de la nationalité des intéressés, et mentionna la générale absence de documents d'identité des étrangers en situation irrégulière du Calaisis.

Cela pourrait réduire la portée de l'arrêté pris à Calais le 1ᵉʳ décembre en application de l'état d'urgence pour punir d'amende et de prison tout piéton refusant de se soumettre à un contrôle d'identité sur la route nationale 126, dans la mesure où une personne ne portant aucune pièce d'identité n'a rien à craindre d'un tel contrôle.

Toutefois on notera que, comme toutes les grandiloquentes mesures de l'état d'urgence et de propagande gouvernementale, cet arrêté vise premièrement à rassurer les riverains, puisqu'il est de hiérarchie juridique inférieure à la loi 2012-1560 interdisant de contrôler l'identité et la régularité de séjour des personnes d'apparence étrangère, présentée ci-après.

Le 28 décembre 2015 le ministre français de l'Intérieur Bernard Cazeneuve, qui début septembre s'était associé aux vociférations gesticulatoires de son collègue ministre des Affaires Étrangères contre le caractère amoral, inhumain et anti-européen des contrôles aux frontières extérieures de la Grèce (et de l'espace Schengen), a adressé une lettre à la Commission européenne pour lui demander d'améliorer la détection des faux passeports syriens aux frontières extérieures de Grèce et d'Italie, prétendument à cause de la confirmation, après le 13 novembre, de la véracité des déclarations de l'État Islamique en Irak et au Levant sur ses infiltrations… en Belgique en l'occurrence. Bien que la France fût, jusqu'au déclenchement de la guerre contre la Syrie, le pays qui imprimait en son Imprimerie nationale les passeports délivrés par le gouvernement syrien, et qui dispose donc encore des matrices et spécifications (si elle ne les a pas revendus à un pays tiers), son gouvernement, qui en 2013 avait décliné l'offre syrienne de la liste des islamistes français venus combattre en Syrie, préfère aujourd'hui, pour des raisons qui lui sont propres, envoyer une lettre[87] à la Commission européenne plutôt que de proposer son aide directe au gouvernement grec, qui ne demanderait certainement pas mieux.

---

[87] vraisemblablement en tarif lent et noyée dans un ballot de cartes de vœux

Une autre feinte est la promesse par le président de la Commission européenne Jean-Claude Juncker au Parlement européen, le 9 septembre, de "faire avant la fin de l'année[88] des propositions" concernant le corps européen de garde-frontières. Deux mois plus tard mais avant toute étude sérieuse, la Commission européenne a annoncé arbitrairement le 11 décembre qu'il s'agirait de 1200 agents (d'ici 2020) déployables sous trois jours sur ordre de la Commission même contre l'avis du pays de déploiement (comme si elle cherchait à essuyer un refus ou lancer une polémique). Pour mémoire, ce serpent de mer imaginé du temps du président François Mitterrand et du chancelier Helmut Kohl a toujours rencontré l'opposition de la Commission technocrate, toujours en retard d'une Citroën et adepte de la charrue à propulsion bovine, et maintenant afférée à son projet de frontières robotisées dévoilé le 25 octobre 2011. Le Conseil européen avait décidé le (lancement des études conduisant à la création du) corps européen de garde-frontières le 11 décembre 2009 (dans le cadre du programme de Stockholm), le Parlement européen l'avait recommandé le 2 avril 2014, et parce que la Commission l'avait écarté le 6 mars le Conseil a réaffirmé sa nécessité le 27 juin de la même année, ce que la Commission a fait semblant d'accepter, sous une forme allégée, le 15 mai 2015, et finalement prétendu relancer le 9 septembre par la voix du président Juncker. On peut deviner que sa seule utilité, pour la Commission, serait de supranationaliser les frontières extérieures, en les soustrayant de la sphère de compétence des pays périphériques. Et comme l'a compris Fabrice Leggeri, directeur de l'agence Frontex, le 5 octobre, on n'en verra rien à moyen terme alors qu'il faut agir rapidement et efficacement.

---

[88] la Commission l'a noté dans son programme de travail pour 2016

Enfin le 29 décembre l'agence Frontex, qui depuis le début de l'année demandait des renforcements pour les garde-frontières grecs (afin d'enregistrer et trier les gens dont beaucoup n'ont que des motifs économiques) et avait insisté début octobre sur l'urgence d'au moins 775 agents (tout en en souhaitant 1000 à 2000), a pu annoncer le déploiement de 293 garde-frontières et quinze bateaux dans les îles grecques. Une petite comparaison entre la longueur des côtes dentelées insulaires grecques et la brièveté de la côte rectiligne continentale turque établirait rapidement sur quelle rive le déploiement de quelques centaines de contrôleurs aurait la moindre chance d'obtenir quelque effet. Frontex n'a de toute façon qu'un rôle de coordination des garde-frontières nationaux sans pouvoir de refoulement des illégaux.

Une feinte de plus est la prononciation début janvier 2016 de l'expulsion (qui ne sera certainement pas appliquée) discriminatoire, parmi le million et demi d'illégaux arrivés en Allemagne, de huit mille Nord-Africains, individuellement objets de présomption légale d'innocence et collectivement désignés sans jugement bouc émissaire exonérateur de l'acceptation politique des viols de masse.

Au niveau français comme européen, l'étude des décisions prises et annoncées à grand renfort de communiqués publirédactionnels semble montrer que ces décisions n'ont été prises que pour prétendre et rassurer, mais qu'elles ont été accompagnées de toutes les modalités nécessaires pour leur ôter toute efficacité.

Capitulation ou trahison ?

Les autorités de l'Union européenne, de l'espace Schengen, de la République Fédérale Allemande et de la

Turquie semblent faire corps pour faciliter, officialiser et amplifier le transfert opéré par la Turquie à travers la frontière grecque. Parfois certaines de ces autorités donnent l'impression d'y jouer un rôle volontariste, parfois elles semblent agir dans l'optique d'un compromis avec la Turquie, et parfois encore elles paraissent avoir capitulé devant un ennemi, selon les différents vocabulaires que peut employer la même autorité devant des publics distincts. C'est ainsi qu'on peut aussi légitimement croire que ces autorités manœuvrent et paient la Turquie pour lui faire envoyer des migrants, ou croire qu'elles négocient pour obtenir un transfert limité sinon contrôlé, ou encore croire qu'elles ont capitulé devant la Turquie. Évidemment côté turc le discours est plus simple, ainsi tant en externe qu'en interne le gouvernement se présente comme un conquérant victorieux d'une Union ironiquement désignée comme "*forteresse chrétienne*" par le premier ministre turc Ahmet Davutoğlu le 6 septembre.

En y regardant de plus près, on pourrait dire que la Commission européenne, qu'elle qu'en soit la raison, est partisan du transfert de populations, mais qu'elle doit parfois s'en défendre auprès de certains pays membres et prétendre être défaite ou trompée par la Turquie.

C'est ainsi que le sommet européen prévu pour se tenir les 15 et 16 octobre a été levé dès le 15 au soir car une journée avait suffi à l'information unilatérale, et une deuxième journée n'aurait pu qu'apporter des contestations. L'ordre du jour était l'intrusion historique, mais aucun point n'y était ouvert à discussion puisqu'aucune entente n'était possible entre les grandes puissances submergistes et les pays frontaliers submergés. De toute façon la proposition d'accord avec la Turquie, nécessaire pour rassurer les populations de toute l'Union européenne et les gouvernements de sa façade orientale, avait déjà été remise le 5 octobre au président turc Recep Tayyip Erdoğan par le président de la Commission européenne Jean-Claude Juncker, en présence du président du Parlement européen Martin Schultz et du président du Conseil européen Donald Tusk. Les chefs d'État et de gouvernement reçurent avant le sommet du 15 octobre le "mémo" 15-5777 qui ne présentait par écrit que des idées générales, et furent priés de donner carte blanche au président Juncker pour affiner ensuite les détails avec la Turquie. La seule nouveauté de ce sommet écourté fut la mission confiée à la chancelière Merkel d'aller à Ankara dimanche 18 présenter une position unique uniopéenne à l'interlocuteur ottoman. Espérant certainement cueillir les lauriers de l'accord et confirmer son image extérieure de conductrice de l'Union européenne, elle en revint cependant un peu trop éconduite pour donner une conférence de presse. Car, contrairement à ce qui semblait promis fin septembre, l'Union européenne ne pouvait plus offrir à la Turquie une bande de territoire syrien "démilitarisée" dite pudiquement zone d'exclusion aérienne[89] le long de la frontière, puisque dès que la Russie avait appris ce projet d'amputation de la Syrie elle lui avait enfin fourni l'aide militaire longtemps demandée. En compensation de cette déception, le président Recep Tayyip Erdoğan releva donc ses exigences.

L'Union européenne avait prévu de payer la Turquie pour avoir accueilli 2,2 millions de migrants (non reconnus comme réfugiés), dont 1,9 millions de Syriens chassés par les légions étrangères islamistes (soldées par le Qatar) infiltrées par la Turquie où l'OTAN les forme. Elle avait proposé initialement un milliard d'euros, mais dès le 5 octobre la Turquie avait demandé trois milliards, ce qui fut caché aux opinions européennes, et peut-être au Conseil

---

[89] en réalité l'accord turco-étatsunien annoncé le 27 juillet prévoyait un mandat international donc l'expulsion des autorités et administrations syriennes

européen lui-même, jusqu'au 15. Ce que la presse turque a largement laissé entendre au moment de la visite de la chancelière Merkel, c'est qu'au lieu du milliard d'euros que le président Juncker avait annoncé au Parlement européen et des trois milliards qu'il avait proposés en réalité à la Turquie, les prétentions turques étaient maintenant relevées à une douzaine de milliards.

L'Union européenne avait aussi proposé d'accueillir immédiatement un demi-million de migrants garantis syriens, qu'elle considèrerait comme réfugiés alors que la Turquie leur refusait ce statut, à sélectionner par ladite Turquie, et évidemment à venir chercher par l'Union (pas infiltrés à pied comme des clandestins).

Pour rassurer les pays de l'Union européenne au contact, on avait annoncé en contrepartie l'obligation de principe pour la Turquie de reprendre tous les migrants refoulés à la frontière de l'Union (un tel accord, jamais appliqué, existait pourtant depuis le 21 janvier 2014), mais la Turquie a fait corriger, petite nuance sémantique, que l'agence Frontex serait seulement autorisée à les "renvoyer dans leurs pays d'origine", ce qui est fort différent. Vu qu'on ne pourrait concrètement que les refouler à la frontière, que la Turquie n'est pas leur pays d'origine, et que seul le pays de transit peut les y renvoyer, la clause pourrait sembler nulle et non avenue. Il eût d'ailleurs été préférable qu'elle ne fût pas avenue, puisqu'elle prévoit donc explicitement que Frontex ne peut pas renvoyer en Turquie des intrus qui viennent de franchir en tout illégalité une frontière turco-uniopéenne : en clair et d'après cet accord, tant que le futur intrus sera en Turquie les agents de Frontex ne pourront que lui sourire par-dessus la clôture, et dès qu'il la sautera ils ne pourront qu'initier une procédure de recherche d'identité, de nationalité et d'origine en vue d'un hypothétique futur renvoi, par voie non terrestre, vers son pays d'origine… La clause censée obliger la Turquie à reprendre les migrants refoulés à la frontière de l'Union européenne est ainsi devenue une clause obligeant l'Union européenne à accepter tous les migrants arrivant de Turquie. Une telle capitulation sans tentative de combat de la part des négociateurs ressemble fort à une trahison délibérée.

L'Union européenne avait également proposé d'admettre *de facto* la Turquie dans l'espace Schengen le 1er janvier 2016, au lieu de 2017 comme accordé le 16 décembre 2013. La formule discrète est celle d'une exemption de visas de court séjour (jusqu'à trois mois), c'est-à-dire la totale liberté d'entrée et de circulation dans l'espace Schengen pour les ressortissants turcs. Ce n'est que pour de triviales raisons administratives que cette promesse n'a pas pu être tenue, et une nouvelle date a été fixée au 1er octobre. Un ressortissant turc au sens de cet accord est un citoyen Turc aux yeux de la loi turque, ce qui inclut *de facto* les turcophones d'Asie Centrale ex-soviétique (et jusqu'aux Ouïghours du Turkestan chinois), auxquels la Turquie délivre passeport et droit de vote sur demande. On peut aussi considérer comme ressortissant turc tout résident légal de Turquie (par exemple un réfugié selon la Convention de 1951), et on peut penser que cela concernera à terme toute personne ayant passé plus de trois mois en Turquie, ou déposé une demande de refuge. Du reste, on peut aussi deviner que les réseaux privés ou publics qui ont été capables d'imprimer des centaines de milliers de faux passeports syriens en quelques semaines n'auraient aucune difficulté logistique à se reconvertir, s'ils y sont aussi autorisés, dans le faux passeport turc. Cette libre circulation concernera donc immédiatement soixante-quinze millions de Turcs[90] et potentiellement autant de turcophones d'outre-Araxe, et en pratique aussi plusieurs millions supplémentaires de porteurs de simili passeports turcs, de la même manière qu'aujourd'hui tout porteur d'un simili passeport syrien est considéré comme Syrien dans toute l'Europe.

Enfin, l'Union européenne s'est aussi engagée à reprendre séance tenante les travaux pour l'admission inconditionnelle de la Turquie (sans condition préalable, entre autres, de reconnaissance de tous les membres actuels de l'Union), et à inviter ce pays à tous les sommets importants d'ici à son admission.

Au niveau des détails, pour soigner l'image humanitaire de tout le monde l'Union européenne s'est engagée à ouvrir six camps d'accueil pour réfugiés dans le sud de la Turquie (qui ont été opérationnels moins d'un mois plus tard, à se demander s'il ne s'est pas agi d'un transfert de camps déjà existants). Détail encore, pour rassurer la Grèce et la Bulgarie il a été prévu une fois de plus un "renforcement de la coopération" entre l'agence Frontex, les garde-côtes grecs et les garde-côtes turcs, ce qui devrait aider la Turquie à éviter les navires et hélicoptères grecs lorsque les siens escortent des illégaux, comme elle a déjà été prise, plusieurs fois, en flagrant délit de le faire. Additionnellement, l'Union européenne s'est brillamment abstenue de demander à la Turquie d'appliquer la Convention de 1951 sur les réfugiés (qu'elle a signée et ratifiée mais dont elle refuse de faire bénéficier les intéressés), une abstention particulièrement remarquable alors que toute cette gesticulation se réclamait d'un souci humanitaire. Et bien sûr, comme dans toutes ses réunions

---

[90] dont, d'après un sondage conduit par l'institut TNS-PIAR en novembre 2004, un tiers souhaitaient alors aller vivre en Europe

avec la Turquie, l'Union européenne s'est spectaculairement abstenue d'exiger la fin de l'occupation et le retrait des forces turques du membre de l'Union occupé par la Turquie, Chypre. Manifestement tous ces points n'ont pas fait l'unanimité, ce qui explique le renvoi des participants au sommet dans leurs pays respectifs plus tôt que prévu.

L'accord, ou Plan d'action commun, a été formalisé entre l'Union européenne et la Turquie le 29 novembre. En ce qui concerne la rançon, le président Erdoğan a trouvé une formule conciliatoire, à savoir seulement trois milliards d'euros, mais annuels (l'accord dit "dans un premier temps") au lieu d'une fois pour toutes, ce qui, on en conviendra, correspond mieux à l'esprit d'un tribut, et enfonce au passage le clou dans le ridicule pourboire (en comparaison) jeté au sommet de La Valette à une Afrique subsaharienne pourtant plus peuplée et plus nécessiteuse. En ce qui concerne l'installation des colons à sélectionner par la Turquie, le grand public découvrira plus tard de combien a bien pu être relevé l'engagement initial d'un demi-million, car il ne figure pas dans l'accord écrit. Entretemps la Turquie avait fait le 24 novembre sa démonstration de force militaire et de détermination politique auprès de la première puissance militaire européenne et deuxième puissance nucléaire mondiale, et avait reçu à cette occasion l'expression de la solidarité totale, politique et militaire, des Etats-Unis d'Amérique et de l'Organisation du Traité de l'Atlantique Nord.

Dans ce Plan d'action définitif l'Union européenne n'a pas conditionné le versement du tribut "pour les réfugiés" à l'application par la Turquie de la Convention internationale de 1951, qu'elle n'a même pas plus mentionnée que ses obligations au titre de la Charte européenne des droits de l'homme, tant vis-à-vis des réfugiés immigrés d'aujourd'hui que de la population chypriote déportée par la Turquie en 1974, et toujours dans des camps. L'Union européenne a, comme d'habitude, omis d'enjoindre la Turquie à appliquer le Traité de Garantie de Chypre de 1960, ainsi que les nombreuses résolutions du Conseil de sécurité de l'ONU réaffirmées depuis plus de quarante ans, de juillet 1974 (résolution 353) à juillet 2015 (résolution 2234). L'Union reprend donc ce mois-ci les travaux d'admission de la Turquie (sur de nouveaux "chapitres" puisque la Turquie n'applique pas ceux déjà expliqués) à la partie de l'Union européenne qu'elle veut bien reconnaître, sans exiger la reconnaissance de tous ses membres actuels ni la fin de l'occupation militaire de l'un de ses membres par la même Turquie.

Quelles que soient les modalités et la périodicité exactes du paiement du tribut, dont le montant annuel sera bien supérieur à la dotation du Fonds fiduciaire pour l'Afrique annoncé au sommet euro-africain de la Valette, cet accord est donc bien une réaffirmation de la soumission inconditionnelle de l'Union européenne à la Turquie. Présenté comme un plan visant à tarir les flots d'intrusion illégale à partir de la Turquie, ce que, à en juger par les propos de sa chancelière fédérale, l'Allemagne n'aurait certainement jamais accepté, il semble au contraire avoir été conçu pour garantir leur continuité (la clause interdisant à l'agence Frontex de refouler les intrus vers la Turquie le montre clairement) voire leur accroissement.

De toute façon, tant que l'Union européenne n'exigera pas et n'obtiendra pas le retrait de l'armée turque de Chypre, personne ne la prendra jamais au sérieux ni en Europe ni dans le monde, et la Turquie a signé la clause "tenter de", relative aux flux d'intrus, en pleine connaissance de son caractère non contraignant pour elle-même et non consensuel pour l'Union.

Loi préparatoire

En France a été discrètement votée il y a juste trois ans, le 31 décembre 2012, la trop méconnue loi 2012-1560 relative à la retenue pour vérification du droit au séjour et modifiant le délit d'aide au séjour irrégulier pour en exclure les actions humanitaires et désintéressées.

Le prétexte de cette loi était d'introduire un certain nombre de modifications administratives (conditions de contrôle et de restriction temporaire de la liberté) visant à garantir l'application des droits de l'homme aux immigrés illégaux, et issues notamment de la directive européenne sur le retour des étrangers en situation irrégulière, la directive 2008/115/CE.

Mais elle en a profité pour introduire une condition indispensable à tout contrôle, par quelque autorité que ce soit, des obligations de détention, port et présentation des pièces et documents relatifs au séjour des étrangers en France : désormais ces contrôles ne peuvent être effectués que "*si des éléments objectifs déduits de circonstances extérieures à la personne même de l'intéressé sont de nature à faire apparaître sa qualité d'étranger*". Tout en prohibant au passage le contrôle aléatoire, cela semble vouloir interdire simplement le contrôle "au faciès", à l'accoutrement vestimentaire et au comportement exotique, mais tant la genèse de la loi que la jeune jurisprudence montrent rapidement que, par exemple, le fait de parler une langue étrangère et de sembler ne pas comprendre le français ne peut pas être considéré comme une "*circonstance extérieure à la personne de l'intéressé*", donc n'est pas un élément objectif d'extranéité justifiable du contrôle de l'identité et de la régularité du séjour. En clair, contrôler l'identité et le titre de séjour d'une personne qui, en France, s'exprime dans une langue étrangère, est, au-delà du vice de procédure et de la faute professionnelle de l'agent procédant à ce contrôle, une violation de la loi et d'un certain nombre de codes (au moins celui sur le séjour des étrangers et celui des douanes dans lesquels a été inscrite cette interdiction), susceptible évidemment d'entraîner l'annulation automatique du résultat dudit contrôle et de toutes ses conséquences.

Enfin les contrôles "*ne peuvent consister en un contrôle systématique*" des personnes présentes ou circulant en un lieu donné, c'est-à-dire qu'on ne peut désormais procéder qu'à des contrôles non exhaustifs, donc individuels (ce qui laisse entendre sélectifs[91]), mais cependant en évitant soigneusement de contrôler les personnes dont l'extranéité manifeste émanerait de leur personne plutôt que de "*circonstances extérieures*". Ce texte a dû causer une grande joie (et une explosion du chiffre d'affaires) dans les centres de formation continue de la police, et un certain nombre de cauchemars dans les rangs des policiers de base.

La loi 2012-1560 étend aussi l'immunité pénale dans le cadre de l'aide au séjour irrégulier des étrangers. Désormais sont immunes au délit d'aide à l'entrée et au séjour irréguliers, en plus de la famille proche de l'étranger comme c'était déjà le cas, la famille proche de son conjoint ou concubin notoire ; en clair, si une personne est poursuivie pour le délit d'aide au séjour irrégulier d'un étranger, il lui suffit de placer un parent proche, direct ou par alliance, en concubinage apparent avec l'intéressé ou un membre de sa famille, pour ne pas être punissable. L'immunité est également étendue à toute personne physique ou morale, qui, en l'absence de contrepartie directe ou indirecte, fournit des conseils juridiques ou des prestations de restauration, d'hébergement ou de soins médicaux destinées à assurer des conditions de vie dignes

---

[91] le dictionnaire dirait "discriminants" mais l'idéologie politiquement correcte condamnerait le dictionnaire

et décentes à l'étranger, ou bien toute autre aide visant à préserver la dignité ou l'intégrité physique de celui-ci. Il s'agit là d'abord d'une extension du motif excusable, qui auparavant ne pouvait être que la préservation de l'intégrité physique de l'illégal (assistance à personne en danger) et inclut désormais l'amélioration de son confort, faute de précision sur la notion de dignité et décence des conditions de vie dans l'illégalité choisie. Il s'agit aussi d'une extension des bénéficiaires possibles de l'immunité en matière de délit d'aide au séjour irrégulier, qui n'était auparavant applicable qu'aux personnes physiques (logique en ce qui concerne l'emprisonnement) et devient désormais applicable aux personnes morales, c'est-à-dire associations ou entreprises (auparavant passibles au moins de l'amende).

Enfin, en abrogeant l'article L621-1 du Code de l'entrée et du séjour des étrangers et du droit d'asile[92], cette loi a supprimé le délit de séjour irrégulier. Certains juristes clament que cette suppression a été compensée par la création d'un délit de maintien sur le territoire français en dépit d'une mesure d'éloignement, que la même loi a introduit par une modification de l'article L624-1 du même Code. En l'occurrence un nouvel alinéa de l'article L624-1 entend punir d'un an de prison et 3750 euros d'amende tout *"étranger qui, faisant l'objet d'un arrêté d'expulsion, d'une mesure de reconduite à la frontière, d'une obligation de quitter le territoire français"*, est resté malgré tout, si tant est du moins qu'il a bien fait l'objet d'une mesure régulière de placement en rétention ou d'assignation à résidence. En résumé, séjourner en France de manière illégale n'est plus un délit (cela reste cependant une contravention), ce qui est punissable de prison est de se faire prendre, ou plus

---

[92] l'article L621-1 punissait tout "étranger qui a pénétré ou séjourné en France sans se conformer aux dispositions […] ou qui s'est maintenu en France au-delà de la durée autorisée […]"

exactement de rester après avoir été pris (suite à un contrôle) et enjoint de quitter la France (par décision de justice[93]). Et, pour mémoire (voir plus haut), la même loi complique et restreint singulièrement les conditions dans lesquelles on peut constater, puis mener jusqu'aux suites judiciaires, le séjour illégal.

La démarche philosophique du législateur (comme le nomment les docteurs en droit), si c'est vraiment lui qui est à l'origine de cette loi votée par les députés présents au Palais-Bourbon un 31 décembre à l'heure où les Français en congé mettaient leurs bouteilles au frais pour célébrer le nouvel an, ressemble à celle utilisée pour dépénaliser un certain nombre de pratiques considérées naguère comme délictueuses, et aujourd'hui tolérées sauf décision contraire expresse. Séjourner en France illégalement n'est *a priori* plus un délit, sauf (mot qui introduit une exception) dans les cas individuels où un tribunal en a décidé autrement, où un ordre de sortie a bien été signifié selon toutes les règles administratives contraignantes, et où le contrevenant n'a pas obéi. Il sera intéressant de voir quels juges, parmi les quelques-uns auxquels on aura fait l'effort de présenter des cas procéduralement parfaits, oseront prononcer des arrêts contraires à l'esprit manifestement permissif du Code ainsi modifié, et ce qu'il adviendra, en appel, de leurs décisions répressives.

Si la poussée subite d'immigration illégale, intervenue à peine deux ans après le vote de cette loi, n'avait touché que la France, le politologue pourrait penser qu'elle était maladroite et que les malfaiteurs en ont profité. Mais puisque cette poussée subite d'immigration illégale a touché, de manière manifestement coordonnée, l'ensemble

---

[93] désormais sollicitée alors que (ou parce que) tout le monde la sait déjà engorgée

de l'Union européenne, le politologue ne peut s'empêcher de soupçonner que la loi 2012-1560 a été élaborée, présentée et votée à dessein, pour faciliter l'exécution d'un projet planifié et annoncé à l'avance.

Parallèlement, un projet de loi visant à dépénaliser l'immigration illégale est prêt en Italie, et après la razzia sexuelle du 31 décembre 2015 on a appris qu'en Allemagne la police a l'ordre de ne rien tenter face à un étranger qui se refuse à un contrôle d'identité : il existe donc bien un mot d'ordre supranational, dont la loi française n'a été que l'inscription en droit national.

11 – Pièges

Refoulement et déboutement

Parmi les palliatifs d'effets proposés en alternative au traitement des causes de l'inode, on trouve en bonne place le refoulement.

Mais le refoulement au large des côtes tripolitaines et cyrénaïques s'apparente à repousser en vol quelqu'un qui vient de sauter d'un mur. Certes, il est plus charitable de l'attraper au vol que de le laisser s'écraser au sol. Mais le remettre sur le faîte du mur c'est s'assurer qu'il sautera de nouveau, ne pas regarder derrière le mur c'est se condamner à réagir au dernier moment, et, surtout, ne pas ôter le moyen d'escalade ou l'incitation à le faire, de l'autre côté, c'est choisir de ne traiter que les conséquences sans jouer sur les causes.

La vérité c'est que les gens d'Afrique subsaharienne qui sont arrivés en Tripolitaine et Cyrénaïque sont obligés de se lancer[94]. Ils ont d'abord derrière eux deux mois, voire plus selon les aléas du voyage, de conditions très éprouvantes. Le trafic négrier n'est rien d'autre qu'un trafic d'esclaves. Il l'est quant aux conditions de transport, puisque ces hommes entassés par dizaines sur des

---

[94] les Asiatiques qui sont arrivés sur les côtes d'Asie Mineure n'ont guère plus de choix.

camionnettes à plateau (dites *pick-up*) sont traités comme des animaux dès leur départ du Mali ou du Niger. Les uns assis sur les ridelles les jambes à l'extérieur, ou à califourchon, et les autres assis en tailleur voire debout selon leur nombre, ils peuvent être de vingt à trente ainsi entassés, traités comme du fret par les conducteurs qui sortent des armes, pour faire respecter la discipline du chargement, dès que tout le monde a embarqué et qu'ils ont pris la route (et jeté les sacs à dos). Ces positions qui seraient déjà inconfortables pour un trajet d'une heure sont maintenues pendant des journées entières, sans pause urinoir ni boisson, les semaines que peut durer le trajet vers la Tripolitaine ou la Cyrénaïque à travers le désert selon les itinéraires changeants au gré des informations concernant des tribus armées ou des pirates du désert. Le malheureux qui tombe, ne remonte pas à temps après l'arrêt à un puits ou ne peut pas payer les péages imprévus qui viennent s'ajouter au tarif tout compris payé à l'avance, peut rester coincé dans une oasis les semaines nécessaires pour gagner durement de quoi attraper un autre convoi, s'il n'a pas tout simplement été abandonné au milieu du désert. À l'arrivée en ex-Libye, c'est allongés sur le plateau, sur deux épaisseurs et recouverts d'une bâche, que beaucoup font leur arrivée aux abords des villes livrées par la France et l'OTAN, en 2011, aux bandes islamistes de culture arabe raciste pour lesquelles tout Noir est un esclave, comme elles l'ont vite démontré dans les pogroms de Benghazi qui ont alors précipité le départ des quatre ou cinq millions d'immigrés subsahariens qui, du temps où la Libye avait le niveau de vie et l'indicateur de développement humain les plus élevés d'Afrique, venaient gagner là, en travailleurs peut-être méprisés mais libres en tout cas, de quoi envoyer des sommes non négligeables à leurs familles.

Ceux qui arrivent aujourd'hui ainsi convoyés se sont intégrés volontairement, sans le savoir, à ce qui est au final réellement un trafic d'esclaves puisqu'à peine arrivés sur la côte tripolitaine ou cyrénaïque au terme de ce trajet difficile à travers le désert, ils se voient confisquer tous leurs effets personnels (pièces d'identité, diplômes, clefs USB et téléphones portables), enfermés pendant des semaines dans des bâtiments aveugles dans un entassement, une promiscuité et un déni d'hygiène incroyables qui ne peuvent que rappeler les centres d'embarquement vers l'Amérique des XVII° et XVIII° siècles, ou vers la péninsule arabique pendant neuf siècles. Cette claustration, présentée aux intéressés comme nécessaire face à d'inexistantes autorités ex-libyennes, sert à leur interdire le moindre contact avec la population (bien que certains esclavagistes viennent parfois emprunter quelques travailleurs bien sûr non rémunérés) et surtout avec les quelques survivants des naufrages, qui pourraient dissuader ou révolter les cargaisons en attente d'expédition.

Bien que s'approvisionnant par le dol (volontaires au départ), cette traite d'êtres humains n'est pas beaucoup plus propre que celle basée sur la violence, à savoir les filles et femmes enlevées en Europe de l'Est et acheminées à travers une autre plaque tournante établie par une intervention de l'OTAN, douze ans plus tôt celle-là, au Kossovo et en Métochie, dont l'esclavage n'est pas seulement une condition temporaire de transport mais également une condition définitive de survie, à destination.

Quand bien même elles n'auraient pas travaillé et économisé plusieurs années pour se payer ce voyage, qui contrairement à celui des Asiatiques acheminés par la Turquie n'est ni offert ni subventionné, les victimes de ce trafic une fois arrivées en ex-Libye n'ont ni la possibilité matérielle de rentrer chez elles ni la force psychologique de rester en Tripolitaine ou Cyrénaïque. Si la marine italienne ne les repêche pas elles couleront un peu plus au large, s'il y a des survivants parmi celles qui savent nager ils tenteront de nouveau, s'il n'y a plus de barques pneumatiques ils prendront des radeaux de bouteilles en plastique et sinon des bouées de baudruche et des planches de polystyrène expansé. Une fois sur la côte, ces malheureux n'ont pas d'autre possibilité que de se jeter à l'eau.

Cela, les pays qui prétendent monter des opérations européennes maritimes de sauvetage ou de refoulement, et qui sont les mêmes qui ont monté l'opération atlantiste de destruction de l'État libyen et d'armement des tribus islamistes, le savent bien. Ils le savaient d'ailleurs à l'avance, les conséquences de la destruction d'un État sans occupation de son territoire, contraire d'ailleurs au droit international, étant connues depuis longtemps et leur ayant été rappelées récemment.

Sur la façade méridionale, un refoulement en mer ne peut pas être une solution durable, ce qui n'interdit pas un coup d'arrêt ferme suffisamment médiatisé, sur terre (en Tripolitaine et Cyrénaïque), pour dissuader les départs à leur origine, en Afrique subsaharienne. Sur la façade orientale, un refoulement serait beaucoup plus simple à mettre en œuvre, sur terre également, mais il ne peut être conduit que par l'autorité nationale, qui n'agira que sous l'effet d'une forte coercition enjoignant la fermeture de la Sublime Porte.

Un autre palliatif évoqué pour rassurer, et justifier la politique de portes ouvertes, est le déboutement des demandes de refuge infondées.

D'après la Cour des comptes, avant la grosse vague de 2015, le délai moyen d'étude des demandes de refuge (sans compter les demandes de réexamen) était de deux ans, alors qu'en Allemagne il suffit d'un an en moyenne. Pendant ce temps les demandeurs coûtent des frais médicaux, d'aide sociale, d'assistance juridictionnelle et de scolarité, frais d'ailleurs en augmentation une fois et demie plus rapide que le nombre de demandeurs, surtout que la lenteur des procédures induit un engorgement des centres d'accueil réservés aux demandeurs de refuge, et donc l'hébergement de plus des deux tiers d'entre eux sous d'autres modalités de logement, dans des conditions qui, déjà avant l'explosion numérique de 2015, ont défrayé la chronique par leur coût et, accessoirement, leur luxe. Cela ampute d'ailleurs, parallèlement, l'hébergement d'urgence de droit commun, c'est-à-dire des sans-abri français, comme le dénonce également la Cour des comptes qui s'inquiète d'un risque d'éviction des personnes sans domicile fixe, c'est-à-dire qu'une préférence donnée aux étrangers entraîne un abandon relatif des populations en situation précaire françaises, remarque notable de la part d'un organe dont la mission est plus de contrôler l'efficacité et le coût des politiques conduites par l'exécutif.

Ces dernières années les trois quarts des demandes étaient grossièrement irrecevables en dépit d'une certaine largesse dans l'acceptation, mais la quasi-totalité des déboutés désobéissent à l'ordre de quitter le territoire français, et restent en dépit de leur demande, dans 93 % des cas en ignorant l'ordre et dans 3 % en le contestant : au total, plus de 96 % des personnes déboutées restent en France, d'après un rapport de la Cour des comptes de juillet 2015 (publié le 20 octobre), essentiellement par absence de suivi administratif, c'est-à-dire par défaut de volonté politique de faire appliquer les décisions rendues. Par exemple en 2014, sur 40206 demandes de refuge rejetées, la Direction générale des étrangers en France n'a procédé qu'à 1432 éloignements, soit 3,5 %. Au niveau de l'ensemble des étrangers en situation irrégulière, moins de 17 % font l'objet d'une mesure d'éloignement et plus de 83 % restent donc en France (et dans l'illégalité). Mais selon un rapport d'étape publié par la Cour des comptes en avril 2015, ce sont 99 % des déboutés qui omettent de quitter le territoire français après le rejet de leur demande.

En d'autres termes, l'expulsion est exceptionnelle, la quasi-totalité des demandeurs de refuge reste, et l'existence d'une procédure d'étude des demandes, dont la décision en résultant n'est pas appliquée, n'est donc qu'un alibi administratif à une politique d'acceptation systématique de tous les demandeurs.

Au niveau européen, début octobre, soit un mois après que la presse ait été saisie de la question de l'envahissement migratoire mais avant qu'elle ait pu s'emparer avant dégonflement, pour faire diversion, de la confrontation russo-turque en Syrie puis des crimes rituels des Musulmans belges à Paris, la presse a annoncé un projet uniopéen d'expulsion imminente (dans les semaines –pas les mois– à venir) de plus de 400 000 migrants, parmi les 500 000 entrés illégalement dans l'Union européenne au premier semestre, et dont la demande de refuge aurait déjà été rejetée. L'information, largement relayée voire dénoncée comme pour provoquer une réaction sentimentale de protestation, précisait même que la Commission européenne allait révoquer l'aide économique, les accords commerciaux et les facilités de visa envers les pays d'Afrique qui refuseraient de reprendre leurs "migrants économiques". La xénélasie était censée être conduite par l'agence européenne pour la gestion de la coopération opérationnelle aux frontières extérieures des États membres de l'Union européenne, dite agence Frontex, pourtant en sous-effectif criant au regard de sa simple mission de coordination de la surveillance (refoulement et expulsion ne lui incombent pas) face à l'explosion de l'intrusion massive.

Elle impliquait entre autres que les pays de l'espace Schengen avaient réussi à traiter pendant l'été les demandes déposées au premier semestre (certes les deux ans d'étude moyenne des dossiers en France sont un record de lenteur par rapport aux pays voisins)[95], en dépit d'une explosion du nombre de demandes et de la saturation connue des services déjà en temps normal. Elle impliquait aussi que 20 % des demandes avaient été considérées comme recevables (pourcentage énorme compte tenu du nombre prépondérant de ressortissants de pays sûrs et de titulaires de faux passeports). Elle impliquait enfin que les gouvernements concernés étaient arrivés à un accord remarquablement rapide compte tenu de leur lenteur de coordination habituelle et de leurs divergences connues sur ce sujet, et qu'ils avaient réussi à surmonter les obstacles juridiques (nationaux, communautaires et internationaux) rendus justement pertinents et incontournables, à dessein, par le *diktat* imposé par les grands pays (France et Allemagne) aux pays périphériques et d'entrée, comme on va le voir plus loin…

Cette campagne de communication laissait aussi entendre que si, pendant l'été, les gouvernements avaient décidé et préparé l'expulsion de 80 % du demi-million d'intrus entrés au premier semestre, d'une part ils maîtrisaient la situation (discours toujours important en communication politique pour différer la réaction des peuples trompés) et d'autre part ils sauraient également expulser la même proportion du million vraisemblablement déjà entré au moment de cette annonce. En effet, trois semaines plus tard Frontex allait annoncer que 1,2 millions d'illégaux étaient entrés dans l'espace Schengen entre le 1er janvier et le 30 octobre, ce qui, sauf accélération en fin d'année (qui eut lieu), en laissait alors entrevoir 1,5 millions au 31 décembre. Seul un politicien peut prétendre sans ciller, et un journaliste peut répéter sans rougir, que trois

---

[95] pour mémoire il s'agit de demandes individuelles devant établir l'existence de menaces directes personnalisées et hors situation normale de guerre ou de pauvreté

cent cinquante fonctionnaires (350) de Frontex pourraient expulser un million deux cent mille délinquants (1 200 000) déterminés.

En ce début d'année, trois mois après l'annonce médiatisée de cette imminente (sous quelques semaines) xénélasie de 80 % des intrus, seule à même de tarir les flots à la source, et alors qu'on sait qu'ils sont de l'ordre de deux millions et non plus un demi-million, on chercherait en vain le moindre début d'application de ce plan prétendu.

Difficile expulsion

Dans la mesure où seule une petite minorité des nouveaux arrivants répond aux critères de réfugiés, même élargis au moyen de la protection subsidiaire, la grande majorité de ceux qui introduiront effectivement une demande de refuge devrait, en principe, voir cette demande rejetée. Toujours en principe, ces gens-là devraient être renvoyés.

La première difficulté apparente est celle de la destination du renvoi. Comme on l'a souligné, les aspirants réfugiés doivent déposer leur demande dans le premier pays susceptible de constituer un refuge pour eux, c'est-à-dire le premier pays sûr où les menaces individuelles définies dans la Convention de 1951 ne pèsent plus sur eux. Pour un Syrien quittant son pays par voie terrestre, c'est la Turquie qui doit, d'après la Convention, étudier sa situation personnelle et accorder le cas échéant la protection due aux réfugiés. La Grèce peut étudier une demande de refuge d'une personne arrivant de Turquie où elle était persécutée, mais elle ne peut pas considérer comme réfugiée une personne arrivant de Turquie où elle était entrée en fuyant des persécutions dans un autre pays. Si une telle demande est présentée et refusée, la Grèce doit donc renvoyer le demandeur dans le pays d'où il est entré en Grèce, à savoir la Turquie.

Pour prendre l'exemple le plus parlant en termes numériques, l'Allemagne pourrait certes accorder le statut de réfugié à, par exemple, un Danois persécuté dans son pays pour des raisons personnelles (la couleur de ses cheveux comme les rouquins en Espagne), mais elle ne saurait étudier une demande de refuge d'une personne arrivant d'un pays où elle n'était pas persécutée, par exemple un Afghan très bien traité en Autriche depuis qu'il y est entré. De même l'Autriche ne saurait considérer comme réfugié un Afghan très bien traité en Hongrie depuis qu'il y est entré, et la Hongrie ne saurait considérer comme réfugié un Afghan très bien traité en Serbie depuis qu'il y est entré.

Cependant on ne peut renvoyer un aspirant réfugié, ou tout immigré illégal d'ailleurs, que dans le pays d'où il est arrivé. *De jure* on pourrait certes aussi bien le renvoyer dans le pays dont il a la nationalité, mais *de facto* on ne peut établir avec certitude, et de manière opposable, la nationalité (ou l'identité, pour commencer) de chaque intrus. Une bonne partie d'entre eux a acheté en Turquie un faux passeport syrien, et refusera de confesser une autre nationalité, ce qui serait une reconnaissance de fraude et donc l'assurance d'un refus. Une autre partie a détruit ses papiers en sortant de Turquie et serait prête si nécessaire à se déclarer Poldève[96]. L'Allemagne aurait certainement des difficultés à envoyer en Afghanistan une personne arrivée d'Autriche et suspectée d'être de nationalité afghane, et ne pourrait le faire que si elle en découvrait l'identité et si des autorités afghanes dotées d'état-civil trouvaient un intérêt à

---

[96] la classe politique française, qui a avancé depuis un siècle, serait facilement acquise à des Turcomans de Poldévie

reconnaître leur citoyen. Mais si elle le tentait, et à plus forte raison collectivement, elle serait immédiatement attaquée pour déportation, tant par des organisations "humanitaires" aux moyens importants que par des avocats allemands nommés pour défendre les droits des malheureux incapables de deviner par eux-mêmes leurs droits de clandestins hors-la-loi (surtout venant de pays où mêmes les natifs ont peu de droits). Et les arguments juridiques, tant en droit allemand qu'international (et communautaire) ne manqueraient pas.

En obligeant par intimidation politique (injustifiable légalement) les pays d'entrée dans l'espace Schengen, et les pays de transit jusqu'à l'Allemagne et la France, à violer l'accord de Dublin et laisser entrer les intrus sans les contrôler et enregistrer, ces deux pays de destination prétendument finale leur ont tendu un piège impitoyable.

Si, d'aventure ou par un retournement politique, l'Allemagne (ou une Bavière de nouveau souveraine) décidait de renvoyer les illégaux ne répondant pas aux critères de réfugiés, à savoir de l'ordre de deux millions de personnes (la France n'a pas publié de chiffres), c'est en Autriche que l'Allemagne les renverrait, ou en Italie dans le cas de la France. Libre alors à ces deux pays de rétablir rapidement des contrôles exhaustifs aux frontières pour enregistrer individuellement ces centaines de milliers de personnes (respectivement) au moment de leur entrée dans ces deux pays (Autriche et Italie) afin de les renvoyer, dès le refus de leurs demandes d'accueil, dans les pays d'où ils sont arrivés, c'est-à-dire l'Allemagne et la France respectivement, ou de tenter de les déporter illégalement vers d'autres destinations, par exemple la Hongrie et la Slovénie.

Il faut peut-être insister sur ce petit point de détail juridique : si l'Allemagne refuse les demandes de refuge de ces migrants, elle ne pourra les renvoyer qu'en Autriche.

L'Autriche ne pourra pas les envoyer ailleurs qu'en Allemagne d'où ils sont arrivés, et quand bien même elle disposerait de registres d'entrée de ces gens-là en Autriche quelques mois plus tôt en provenance de Hongrie, ce n'est qu'au prix d'une forte pression politique, et en toute illégalité, qu'elle pourrait les déporter en Hongrie (ou ailleurs) après qu'ils soient arrivés d'Allemagne. On se demandait "*de quelle guerre l'Allemagne menace-t-elle l'Europe*"[97], le 2 novembre à Darmstadt, c'est peut-être de celle-là : l'Allemagne jetant (légalement) sur la frontière autrichienne une masse de jeunes hommes représentant un dixième de la population autrichienne, ou l'Autriche jetant (illégalement) sur la frontière hongroise cette même masse, cela serait en effet assimilable à un acte de guerre, d'ailleurs pire en volume et en gravité que bien des escarmouches frontalières, que la guerre du Cenepa ou que la destruction en Syrie d'un avion russe par l'aviation turque. Cet acte, similaire à celui que continue de commettre la Turquie envers la Grèce et, dans une moindre proportion, la Bulgarie, est effectivement un acte de guerre.

Il y aurait certes une autre option, qui en France est mentionnée dans la loi 93-1027, à savoir le renvoi d'un étranger "*à destination du pays qui lui a délivré un document de voyage en cours de validité*". En l'occurrence, et même si on ne l'a pas formellement sous les yeux, on peut supposer qu'une personne que la Turquie a laissée entrer sur son territoire, puis peu après laissée sortir (voire escortée) vers un pays voisin lui a, *de facto*, reconnu ou accordé un titre de voyage...

Une autre difficulté apparente est celle de l'organisation matérielle du renvoi. L'expulsion d'un

---

[97] www.stratediplo.blogspot.com/2015/11/migrants-de-quelle-guerre-lallemagne.html

million ou deux de personnes, à pied, à travers une frontière, n'est pas une opération insurmontable, la Croatie a ainsi expulsé il y a vingt ans le dixième de sa population (et en a été récompensée quelques mois plus tard par son admission au Conseil de l'Europe) en massacrant le nombre nécessaire pour déclencher l'exode, et le pouvoir issu du coup d'État en Ukraine le 22 février 2014 a réussi à chasser de la même manière un million et demi de personnes. On pourrait y opposer des arguments moraux, mais une institution impersonnelle et inhumaine comme l'Union européenne s'accommode très bien du sort de la population déportée il y a quarante ans de la partie de Chypre militairement occupée par un pays dont elle négocie l'admission inconditionnelle. Sauf que là il ne s'agit pas, justement, de pousser ces foules immenses à travers une frontière mais sur plusieurs milliers de kilomètres. À condition de résoudre d'abord la question de la destination, ce qui ne pourrait se faire que par un marché politique (voire économico-politique), il s'agirait de renvoyer les intrus soit à la frontière extérieure de l'espace Schengen, à savoir la frontière gréco-turque, soit dans leurs pays d'origine. On parle là bien sûr de ceux ne répondant pas aux critères de définition de réfugiés, donc non menacés personnellement dans leur pays. Pour un dépôt à la frontière turque, de grands convois d'autobus ou des trains spéciaux pourraient convenir, mais pour un renvoi dans des pays lointains (Iran, Pakistan et Bengale) il apparaîtrait vite nécessaire d'utiliser la voie aérienne (ou maritime ?). Dans les deux cas il s'agirait d'opérations de déportation tellement massives et visibles qu'il faudrait s'attendre à une véritable levée de boucliers humanitaro-humanistes.

Mais la pire difficulté, pour un renvoi éventuel, est le refus des intéressés. Puisque chacun de ces intrus illégaux a violé plusieurs fois des frontières et des règlements migratoires, et a physiquement payé assez cher le voyage aller dans l'espoir d'offrir des meilleures perspectives de vie à sa famille, puisque tous ont été éduqués à l'irrespect de la loi et à la violence (contre les biens et parfois contre les personnes) durant le long trajet aller, aucun ne voudra partir volontairement, si près du but par-dessus le marché (à l'arrivée en Grèce cela aurait peut-être été différent). À la fin novembre on apprenait qu'en Suède, au moment d'être interpellées 14000 personnes avaient disparu dans la nature. Trois semaines plus tard on apprenait qu'au Royaume-Uni l'administration avait totalement égaré 40000 dossiers (30000 déboutés et 10000 en cours d'étude), ainsi que toute trace de leurs titulaires. En septembre on avait appris qu'un tiers des arrivants en Italie, soit déjà 40000 à ce moment-là, ne se laissaient pas identifier (on ne sait ni qui ils sont ni d'où ils viennent), refusant de se laisser prendre les empreintes digitales et photographier, ce qui est d'autant plus frappant qu'ils sont en général amenés en Italie par la marine italienne, et bientôt par des navires d'autres pays européens, après avoir été sauvés en mer.

Enfin juste avant Noël le journal Bild a révélé que le gouvernement fédéral allemand reconnaissait la disparition et le maintien dans la clandestinité d'un tiers des intéressés (jusqu'à la moitié en certains endroits) juste après leur intrusion, notamment pendant le trajet entre la frontière et les centres d'enregistrement de Munich, car pour ne pas être enregistrés, ceux qui savent ne pas correspondre aux critères de réfugiés actionnent la sonnette d'alarme et quittent le train ou l'autobus. Au journaliste de Bild qui disait qu'au moins, ceux qui restaient dans la clandestinité ne coûteraient pas d'avantages sociaux (il n'en est pas de même en France), un haut fonctionnaire répondit qu'on ne savait pas avec certitude si ces gens-là restaient en Allemagne, mais qu'on pouvait être certain qu'ils vivraient de délinquance ou criminalité. Pour l'année 2015 cette évaporation sur le territoire allemand, avant enregistrement, représente un demi-million d'hommes, soit l'effectif de l'armée d'une grande puissance.

Aucune "incitation au retour" ne fonctionnera, et le seul moyen de renvoyer ces gens serait la force, de la même manière qu'on expulse quelqu'un d'un bâtiment public ou qu'on amène quelqu'un devant un juge. Mais ce serait très difficile. Trois policiers peuvent embarquer de force une personne dans un panier à salade, cent fois de suite ; mais trois policiers ne peuvent ni extraire une personne d'une foule de cent personnes, ni canaliser une foule de cent personnes vers une cellule. Or les intéressés ne sont plus des individus, ils sont des membres d'une foule, tant au niveau physique que psychologique. D'autre part il suffit de voir l'inefficacité des forces de l'ordre à Calais (où elles ne peuvent même pas entrer dans les camps sortis de la juridiction française) pour comprendre qu'elles seraient incapables d'y entrer pour procéder à des arrestations et reconductions. Un plan de déportation par la force d'une telle quantité de personnes n'est pas réaliste. Il impliquerait une escalade de la violence, la commission d'au moins quelques bavures (des morts), des batailles rangées, et un véritable tollé dans la presse y compris hors d'Europe, qu'aucun gouvernement national ne serait prêt à endurer. Pourtant une telle opération tarirait l'intrusion illégale à sa source. Cependant, là-dessus la chancelière Angela Merkel a presque raison, l'expulsion est presque impossible.

De toute façon ces difficultés ne seront vraisemblablement même pas soulevées car la question du renvoi sera éludée, puisqu'au niveau politique il n'existe aucune volonté de résoudre la situation. Au contraire, il est prévu de l'amplifier par le biais du regroupement familial.

Regroupement familial

Le regroupement familial est assuré par le droit français, contrôlé par le droit européen et garanti par le droit international. Au niveau international on est même passé, en quelques décennies, du droit au regroupement familial au droit à vivre en famille, notion plus large, qui en France est un droit constitutionnel depuis 1993. Pourtant, lorsque le premier décret avait été pris en 1976, ce n'était pas pour une raison charitable ou humanitaire mais démographique et politique (on a alors parlé d'immigration de peuplement) puisque le motif invoqué par le gouvernement était qu'en 1975 les naissances n'avaient, pour la première fois, pas compensé les décès, à cause évidemment de l'institutionnalisation de l'éradication *in utero* en janvier 1975.

Si ce droit est désormais garanti par la constitution, on peut néanmoins en modifier les modalités pratiques par simple vote d'une loi (voire par un décret ou un règlement ne nécessitant pas de vote), mais pas supprimer ce droit sans violer un certain nombre d'engagements internationaux, ou s'en retirer. Par exemple, la durée de présence régulière (le dépôt d'une demande de refuge suffit à former cette régularité) sur le territoire français nécessaire avant de déposer une demande de regroupement familial a été portée d'un an à un an et demi par la loi 2006-911 mais peut être réduite à tout moment par une autre loi, et ne peut de toute façon être augmentée à plus de deux ans sans contrevenir à la directive européenne 2003/86/CE.

En France le droit au regroupement familial est d'abord inscrit dans le livre IV du Code de l'entrée et du séjour des étrangers et du droit d'asile, à partir de l'article L411-1 qui dispose que tout étranger qui séjourne régulièrement en France depuis dix-huit mois peut demander à être rejoint par son conjoint (majeur) et leurs enfants mineurs. Selon ce Code, et hormis le cas particulier des Algériens[98], le regroupement familial ne peut être refusé que dans trois cas, à savoir l'insuffisance ou instabilité des ressources, qui doivent atteindre l'équivalent du SMIC pour une famille de deux ou trois personnes, de 1,1 SMIC jusqu'à cinq personnes et de 1,2 SMIC au-delà[99], l'absence d'un logement adapté à la taille de la famille, et la non-conformité aux "principes essentiels" de la vie familiale selon les (volatiles et volages) lois du moment, par exemple monogamie, liberté de mariage, respect de l'égalité des sexes, respect de l'intégrité physique des enfants, obligation de scolarité des enfants…

Bien que les textes français prohibent le regroupement partiel d'une famille sauf exception (pour terminer une année scolaire par exemple), des critères excluants interdisent l'admission de certains membres au titre du regroupement familial. L'un de ces critères rédhibitoires est la menace à l'ordre public, notion difficile à définir précisément, mais qui écarte toute personne portant une menace à la paix publique, aux libertés essentielles, à la sécurité ou à la "morale" (républicaine évidemment), ce qui implique que l'État est réputé ne faire venir que des personnes qu'il a dûment évaluées et approuvées en regard des menaces potentielles. Un autre critère est celui de menace sanitaire, qui écarte toute personne porteuse d'une maladie contagieuse inscrite au Règlement sanitaire international comme la fièvre jaune, la

[98] régi par un accord bilatéral de décembre 1968 globalement équivalent quant à la procédure mais emportant reconnaissance de l'adoption musulmane *kafala*, délivrance d'un titre de séjour de même nature que celui de la personne rejointe, et inapplicabilité du retrait du titre en cas de cessation de la vie commune dans les deux ans de sa délivrance

[99] ces montants étant fixés par simple décret ils peuvent être modifiés à tout moment, de même que la liste des ressources que l'on peut prendre en compte pour calculer le revenu d'une famille

variole, la tuberculose, la lèpre, la peste, le choléra… maladies justement revenues (de l'étranger) à l'actualité médicale française en 2015, après parfois plusieurs siècles d'éradication en Europe. Par contre la connaissance de la langue française et des "valeurs de la République" n'est qu'un prérequis souhaitable devant être évalué dans le pays d'origine et pouvant simplement donner lieu, en cas de besoin, à l'obligation de suivre une formation (de trois heures pour les "valeurs" et jusqu'à deux mois pour la langue), sans obligation d'en assimiler ou d'en approuver le contenu. Ces prérequis souhaitables n'ont été définis que récemment et peuvent être abandonnés à tout moment, sans nécessité de consulter le législateur élu du peuple.

Il ne serait d'ailleurs pas excessivement surprenant qu'on assiste à une extension de la notion de famille, et donc des bénéficiaires du droit au regroupement familial, par un prolongement logique de la loi du réveillon (ou de la gueule de bois au réveil), cette loi 2012-1560 déjà citée, dont l'article 12, en allongeant la liste des proches qui ne peuvent être humainement poursuivis en cas d'aide au séjour irrégulier d'un étranger (article L622-4 du Code de l'entrée et du séjour des étrangers et du droit d'asile), a incidemment étendu la qualité de parent aux alliés. Rien n'interdisant aux États de faire preuve de plus de largesse que ce à quoi ils se sont engagés par des traités internationaux, on pourrait par exemple appeler cela, comme en matière de refuge, un regroupement familial "subsidiaire".

On ajoutera qu'après deux cent vingt ans de soumission de la justice à l'État, aucun texte voté par le parlement n'est, dans son application, à l'épreuve et à l'abri de la dictée d'un garde ou d'une gardienne des sceaux. La dictature au sens classique n'est que le régime des pleins pouvoirs donnés en cas de circonstances exceptionnelles, pour une durée déterminée et dans le cadre de l'État de droit, autorisant l'exécutif à dicter des directives ou instructions (*diktat* en allemand) en s'affranchissant du processus législatif, mais c'est le concept de tyrannie qu'illustre parfaitement un État jacobin tout-puissant dominé par un régime convaincu de sa légitimité suprême[100]. Il n'est donc pas certain qu'on applique rigoureusement la loi (déjà magnifiquement ignorée en matière judiciaire) au point d'exiger des bénéficiaires du regroupement familial, ayants droit d'un intrus contrevenant, contagieux et dangereux, des conditions dont on pourrait contester en Conseil d'État le caractère discriminatoire puisque lui-même (l'intrus illégal) n'a pas été obligé d'y satisfaire. Il est encore moins certain qu'un gouvernement acquis, comme il l'affirme régulièrement, à la nécessité de l'immigration massive, ne cherchera pas à faire infléchir la législation actuelle dans un sens facilitant l'atteinte de ses objectifs. Il y aura sans nul doute, en cette année 2016, une intense activité législative (notamment lorsque les peuples seront en congés), voire constitutionnelle.

---

[100] en l'occurrence la V° République, née d'un coup d'État proposé "à l'amiable" (pleins pouvoirs au colonel de Gaulle) sous la menace d'un coup d'État militaire (opération Résurrection), a par sa conception même revendiqué une légitimité supérieure à tout texte, fût-il une constitution comme celle de la IV° République.

12 – Perspectives

Chiffres annoncés

E n matière de chiffres il faut considérer trois ensembles de données ou d'estimations. Le premier, qui devrait être le plus facile à appréhender s'il n'était scellé du secret politique, est le nombre de personnes ayant commis l'intrusion illégale en 2015. Le deuxième, qui peut être statistiquement estimé à partir du premier, du moins par les autorités qui connaissent celui-ci, est le nombre de personnes qui ont gagné le droit de venir par l'intrusion d'un membre de leur famille (s'il est illégalement régularisé). Et le troisième, bien plus difficile à évaluer car il dépend de beaucoup de facteurs dont le discours d'appel des autorités uniopéennes, est le nombre de personnes qui, parmi les populations migrables, décideront de se joindre à leur tour à l'inode vers l'Europe, en 2016 et au-delà. Une autre série de chiffres, qui n'a qu'un intérêt politologique mais aucune valeur statistique, sont les attentes exprimées par divers politiciens, notamment uniopéens et allemands, tant pour construire l'image d'une crise (et donc de leur impotence) que pour encourager les migrables à venir ; il ne s'agit pas là d'un procès d'intentions mais d'un constat d'effets.

Pour ce qui est du premier chiffre, le 11 septembre, c'est-à-dire au moment de la déclaration de la crise, l'Organisation internationale pour les migrations annonçait qu'il était entré de janvier à août inclus 430 000 clandestins dans l'Union européenne ; le Haut-Commissariat de l'ONU pour les Réfugiés en comptait alors 366 000 pour la même période, en prévoyait 400 000 de plus pour la fin de l'année (mais en nota cependant 218 394 en octobre) et, inexplicablement, seulement 450 000 en 2016[101], dont 121 000 par l'Italie et 310 000 par la Grèce, ce qui marquait déjà l'entrée en action de la Turquie, qui sur les dix premiers mois de 2015 en enverra 540 000 soit treize fois plus que sur la même période de 2014. De janvier à octobre inclus il est entré par l'Italie 140 000 intrus, contre 155 000 pour la même période de 2014, et sur l'ensemble de l'année 2015 de l'ordre de 154 000 d'après l'ONU, ce qui est plausible car les arrivées en Italie ne sont pas (ou plus) des échouages de centaines de petits canots sur les plages, comme en Grèce, mais des débarquements de centaines de personnes (impossibles à identifier mais faciles à compter) par les navires européens, italiens principalement. L'Union européenne, sans souci de cohérence, annonçait le 9 septembre qu'il était entré 340 000 illégaux et le 12 septembre qu'il en était entré 500 000, dans les deux cas un chiffre que la proclamation de la crise fera multiplier respectivement par 4 ou 6 de là à la fin de l'année.

On a assisté à une divergence entre d'une part les autorités politiques uniopéennes qui cherchaient à minorer les chiffres pour rassurer, et d'autre part les autorités de certains pays qui exagéraient leurs attentes presque présentées comme des espérances. Par exemple, dans ses prévisions économiques diffusées le 5 novembre la Commission européenne émettait l'hypothèse d'un million

---

[101] finalement l'OIM et le HCR s'entendront le 22 décembre pour déclarer qu'un million de clandestins seraient entrés à la fin de l'année, mais l'OIM sapera son évaluation en déclarant que 67 700 auraient débarqué sur les côtes grecques en décembre, ce qui signifierait seulement 2000 par jour alors qu'il en arrivait de 10 000 à 15 000 sauf les jours de mer agitée

d'arrivées en 2015, un million et demi en 2016 et un demi-million en 2017. À la mi-décembre le président de la Commission Jean-Claude Juncker a été accusé d'avoir présenté aux chefs d'État et de gouvernement un graphique et des chiffres mensongers prétendant que le nombre de clandestins en provenance de la Turquie avait diminué après la signature de l'accord du 29 novembre, alors que les données relevées par toutes les agences internationales montraient le contraire.

Pour rappeler quelques ordres de grandeur des flux, Lesbos a reçu la deuxième semaine de septembre 22 500 intrus, équivalent à un quart de la population de l'île. Avant de clore sa frontière avec la Serbie, la Hongrie a compté l'intrusion de 4000 illégaux le 12 septembre, 5800 le 13 et 9380 le 14 ; l'annonce le 21 septembre de la peine de prison pour intrusion illégale n'a pas dissuadé 10 046 illégaux de forcer la frontière avec la Croatie le surlendemain. L'Autriche a vu entrer en infraction 10 000 malfaiteurs le 14 septembre, puis 20 000 le 2 novembre. Le 30 octobre l'Autriche en a vu sortir 15 000 et l'Allemagne en a effectivement vu entrer 15 000. L'Afghanistan, lui, voyait partir 3000 jeunes hommes par jour en octobre.

Tous les camps d'accueil sont débordés, bien plus surpeuplés que les organisations charitables sont autorisées à le dire, et certains villages d'affectation autoritaire ont vu leur population plus que doubler. Début août, afin de rassurer la Hongrie sans froisser la Turquie, l'Union européenne prétendit vouloir installer en Serbie, dont la population de sept millions d'habitants hors partie occupée venait pourtant d'augmenter de 1 % en juillet du fait de ces migrants[102], un camp d'accueil pour parquer 400 000 migrants, c'est-à-dire ajouter 6 % à la population d'un pays pas encore relevé du blocus économique imposé à sa sortie du collectivisme, et à jamais irrelevable de l'irradiation de ses terres. La Grèce, pays de onze millions d'habitants, déclarait à la mi-octobre avoir vu passer depuis janvier un demi-million d'intrus (elle en verra le même nombre en novembre puis en décembre). Le 29 octobre le ministre grec des Affaires Étrangères Nikos Kotsias avertit que 300 000 réfugiés avaient quitté deux jours plus tôt les camps de Jordanie et du Liban, les aides de l'ONU aux trois millions de réfugiés dans les camps du Moyen-Orient ayant été drastiquement réduites.

Le 10 novembre, l'agence Frontex a déclaré qu'il était entré un million deux cent mille clandestins dans l'Union européenne au cours des dix premiers mois, de janvier à octobre inclus (une semaine plus tôt son directeur Fabrice Leggeri avait averti que la crise n'avait pas atteint son paroxysme et qu'il s'annonçait bien plus). Le 29 octobre Ernst Walter, vice-président du syndicat de police allemand Deutsche Polizeigewerkschaft, a déclaré que la police envoyée aux frontières, au détriment de toutes ses autres missions, pour le prétendu rétablissement des contrôles depuis le 14 septembre, était totalement débordée, à peine 10 % des migrants pouvant être enregistrés par la police tandis que le reste passait clandestinement, ce qui implique que leur nombre exact ne peut être qu'estimé, en collaboration avec la police autrichienne. L'Autriche estime qu'une moyenne journalière de 15 000 intrus est passée les deux derniers mois de l'année, soit 900 000. Certes une partie visait en réalité les pays scandinaves. Or

---

[102] et qui avait reçu il y a vingt ans 10 % de la population de la Croatie voisine, expulsée de ce pays avec l'aide des États-Unis et de l'Allemagne notamment

le 2 octobre, la Commission des Épiscopats de la Communauté Européenne (catholique) et la Conférence des Églises Européennes (protestante) a publié un communiqué commun selon lequel "*plus de deux millions de personnes, beaucoup traumatisées par la guerre, d'autres ayant perdu tout espoir face à la pauvreté,* [ont été conduites] *à demander l'asile ou à rechercher une vie meilleure en Europe*", ce qui, faute d'un outil de décompte propre à ces deux conseils, représente évidemment plus un ordre de grandeur qu'un chiffre exact. Le 5 octobre l'Allemagne avait annoncé attendre pour l'année un million et demi de migrants, dont 920 000 à venir entre octobre et décembre ce qui a très certainement été le cas (voire plus), puis fin octobre elle estima qu'en fin d'année il serait arrivé entre un et deux millions d'intrus. Enfin, le 6 janvier 2016 l'office fédéral allemand des migrations et des réfugiés a déclaré avoir reçu, pour toute l'année 2015, un million cent mille demandes de refuge dûment déposées, mais n'a pas diffusé d'estimation du nombre d'illégaux n'ayant pas déposé de demande de refuge, dont les estimations peuvent librement aller d'un quart à trois quarts d'un total d'entrées qui s'élèverait alors respectivement à un million et demi ou quatre millions et demi.

On peut donc raisonnablement considérer qu'au moins deux millions de personnes ont fait illégalement intrusion dans l'Union européenne en 2015, dont les trois quarts se trouveraient en Allemagne. En soi, l'arrivée de deux millions de personnes sur un territoire peuplé de cinq cents millions, dans des conditions (de compatibilité et d'intégrabilité notamment) normales ne devrait pas générer de chaos organisationnel, social ou civilisationnel. L'arrivée d'un million de réfugiés chrétiens européens dans un pays européen moins peuplé que l'Allemagne et la France réunies peut faire moins de bruit et de dégâts que 2000 faux Syriens en une nuit à Cologne, comme l'a montré le cas des Ukrainiens expulsés *manu militari* vers la Russie en 2014, avec certes l'avantage d'une identité de langue (subsidiaire) et surtout de culture (primordiale) avec le pays d'accueil.

Pour ce qui est du deuxième chiffre (immigration familiale légale imminente), le gouvernement allemand, au moment où il disait attendre un million de migrants, estimait que les membres de la cellule familiale acquérant automatiquement le droit au regroupement familial du fait de l'entrée d'un membre pouvaient se compter entre quatre et huit personnes, et estimait donc la migration totale, pour l'Allemagne, à sept millions, à savoir un million d'intrus illégaux puis six millions de parents. Puisqu'on peut considérer que deux millions d'intrus sont arrivés en 2015, dont un million et demi en Allemagne, il faut considérer que douze millions de parents, dont neuf pour l'Allemagne, acquerront le droit d'entrée dès la régularisation des intrus de 2015. Ceux-là (les parents invités) ne seront pas accueillis par les humanitaires sur les plages grecques et filmés par les journalistes en train d'enfoncer des clôtures frontalières et de mettre à sac des villages aux volets clos sur les routes des Balkans, ils embarqueront légalement dans les dizaines de milliers de vols aériens supplémentaires que les contribuables européens affrèteront (et probablement paieront) pour eux en 2016, au fur et à mesure du traitement des dossiers de regroupement.

Pour ce qui est du troisième chiffre (poursuite de l'immigration illégale), tout d'abord il faut noter, bien que ce soit relativement insignifiant par rapport aux flux attendus, que le mouvement de 2015 ne s'est pas interrompu, et que les traversées moindres les jours de tempête, fin décembre et début janvier, ont été compensées par des traversées plus nombreuses dès la mer calme revenue, puisque les candidats au départ ne font pas alors demi-tour mais attendent sur les côtes, au plus grand plaisir d'ailleurs des secteurs épicier et hôtelier turc confrontés, en plus de la baisse saisonnière d'hiver, à la fin du tourisme russe (pour cause de conflit turco-russe) et à la chute du tourisme ouest-européen (pour cause d'affluence migratoire asiatique en Turquie). Il s'agit là d'un flux de l'ordre de quinze mille personnes par jour, soit un peu moins d'un demi-million par mois, ou un peu moins de cinq millions et demi par an si les flux restent constants.

Lorsque, le 29 octobre, le centre de recherches stratégiques et financières Citi Research évaluait à trois millions sept cent mille le nombre d'immigrés illégaux qui atteindraient le sol européen en 2015 et 2016, il ajoutait que cette projection devrait peut-être être revue à la hausse, avec un pic d'affluence en Europe en 2016.

Le 15 septembre, devant le Parlement européen, la Haute Représentante Federica Mogherini a renouvelé l'appel de la Commission européenne à une action énergique, les chiffres actuels n'étant rien comparés aux chiffres à venir car tandis qu'on se chamaille pour quarante mille puis cent vingt mille personnes, le total des réfugiés Syriens dans les pays voisins et des déplacés internes se monte autour de douze millions. Une semaine plus tard, le 23 septembre, le premier ministre turc Ahmet Davutoğlu écrivit au président du Conseil européen Donald Tusk "*nous allons être envahis par sept millions de réfugiés syriens*". Quelques jours plus tard le même Donald Tusk révéla avoir reçu (à l'instar peut-on supposer des silencieux Jean-Claude Juncker et Federica Mogherini) un rapport de synthèse élaboré par des agences de l'Union européenne à partir des prévisions de plusieurs services de renseignement, annonçant le déferlement dès le tout début 2016 de six millions de migrants illégaux supplémentaires. Ce chiffre avait été obtenu en additionnant six millions de Syriens et deux millions d'Irakiens déplacés dans leurs pays respectifs, un million et demi de Syriens réfugiés au Liban, huit cent mille Syriens et Irakiens réfugiés en Jordanie et (alors) un million huit cent mille réfugiés de toutes nationalités en Turquie, puis en estimant que seulement la moitié de ces douze millions de réfugiés et déplacés tenteraient de passer en Europe. Cette estimation selon laquelle seulement la moitié viendraient est d'ailleurs modeste à ses yeux, puisque dans les camps de Turquie et de Jordanie Donald Tusk lui-même dit n'avoir entendu qu'une clameur générale "*nous sommes déterminés à aller en Europe*", ce qui lui avait alors fait s'exclamer en rentrant le 24 septembre que "*douze millions de réfugiés sont prêts à arriver en Europe*", alors que la veille en disant que "*la plus grande marée de migrants doit encore arriver*" il n'annonçait que les sept millions correspondant à l'estimation d'Ahmet Davutoğlu (Syriens seulement). Cela n'inclut pas le million d'Africains subsahariens déjà présents en Tripolitaine et Cyrénaïque, comme le déclarait le 11 septembre le général Christophe Gomart, directeur du renseignement militaire français.

En réalité juste après, le 25 septembre, le ministère de l'Intérieur allemand a révélé que seulement 30 % des personnes se déclarant syriennes pour obtenir le statut de réfugié l'étaient réellement ; or à l'époque 20 % des intrus se présentaient comme Syriens, ce qui signifie que 6 % des intrus étaient syriens. Par la suite la proportion des déclarés syriens a augmenté, et il est vraisemblable que les gouvernements (notamment ceux qui ont rompu toute relation diplomatique avec le gouvernement légal en Syrie) ont décidé d'accepter de reconnaître tous les passeports d'apparence syrienne même en sachant que la majorité sont faux, ce qui a permis à l'Allemagne de déclarer début janvier que sur les 1,1 million de dossiers de demande de refuge, 428468 concernaient des Syriens. Mais si, pour trois vrais Syriens accueillis, il continuait d'en venir sept faux, cela signifierait que pour donner refuge à sept millions de vrais Syriens il faudrait étudier vingt-trois millions de cas, identifier seize millions d'imposteurs et, s'ils sont déjà entrés en Europe, décider de les garder ou de les renvoyer… vers, comme on l'a vu plus haut, une destination à déterminer individuellement pour ces seize millions de cas, ce qui devrait assurer du travail pour de nombreux fonctionnaires des services d'immigration, de police et de raccompagnement à recruter.

On peut ouvrir là, et refermer rapidement, la parenthèse économique qui mériterait un autre livre à elle seule. L'Allemagne estime le coût d'un réfugié autour de 12500 euros par an, la Cour des comptes française à 13724 euros par an et par demandeur (sans distinction de la réponse puisque de toute façon les déboutés ne sont pas expulsés), ce qui correspond à l'hébergement en centre (35 euros par jour) mais ne prend peut-être pas en compte l'Allocation temporaire d'attente de 340 euros par mois ou l'Allocation mensuelle de subsistance jusqu'à 718 euros, selon le type d'hébergement fourni[103]. Pour l'Allemagne, lorsqu'elle n'évaluait l'intrusion qu'à huit cent mille personnes on calculait que cela lui coûterait au moins vingt milliards d'euros en 2016, et les provinces ont alors prévu des budgets d'accommodation des intrus qui au niveau fédéral totalisent dix-sept milliards, soit la moitié du budget annuel allemand de la défense… or on voit qu'il est arrivé plus d'intrus que cela en 2015 et que les effectifs à venir, même simplement légaux, sont de l'ordre de grandeur d'un zéro de plus. Et tout ceci n'inclut pas les frais qui seront certainement engagés dès 2016 pour aller chercher, en avion, des millions d'illégaux en Turquie et d'invités familiaux plus loin. Le 10 octobre, lors de la réunion du Fonds Monétaire International à Lima, le président de la Commission européenne Jean-Claude Juncker et le ministre allemand des Finances Wolfgang Schäuble ont bien

---

[103] la "rémunération d'Allah" comme l'appellent certains bénéficiaires

envisagé la création d'une taxe de solidarité pour financer l'installation des migrants, mais ils sont certainement lucides sur ses limites. Le budget fédéral allemand bondira cette année (et il serait surprenant que la France et l'Italie puissent l'éviter), tous les critères de convergence (déficit public, dette etc.) seront pulvérisés, la nouvelle monnaie allemande s'écroulera dès la sortie ordonnée ou la fin incontrôlée de l'euro, l'Allemagne sera ruinée et les Allemands saignés… et le dollar temporairement sauvé par tous les capitaux apatrides fuyant l'euro et l'Europe.

Pour récapituler tous ces chiffres, l'Union européenne a reçu au moins deux millions d'intrus en 2015 (dont vraisemblablement un million et demi pour l'Allemagne), leur régularisation autorisera une douzaine de millions de parents proches à venir les rejoindre immédiatement (dont neuf millions pour l'Allemagne), et on attend et accepte l'intrusion illégale de huit à treize millions de plus en 2016, dont la régularisation autoriserait à son tour de quarante-huit à soixante-dix-huit millions de parents à venir les rejoindre, à l'horizon 2017.

En ce qui concerne la France, le prétendu accord pour recevoir 24031 réfugiés sur deux ans, dont 12000 dès 2015 pour lesquels on a réservé 77000 logements sociaux, ne peut leurrer personne en l'absence de barrières frontalières et de souveraineté politique : elle aura son quota de 20 %.

Desseins affichés

Les desseins des élites gouvernantes, de plus en plus évidents dans leurs manifestations concrètes mais aux origines et causes aussi obscures qu'occultes, sont difficiles à aborder sans tomber immédiatement dans la paranoïa obsessionnelle du complot.

Il est pourtant manifeste que toutes les déclarations de réaction contre l'envahissement, que l'Union européenne commence à produire en demandant aux peuples de patienter pour ne pas gêner la lente machine communautaire[104], ne sont que des feintes qui visent à prévenir ou contrer les initiatives défensives nationales.

Au contraire on multiplie d'une part les injonctions internes à se faire à l'idée que des millions vont encore venir, et d'autre part les appels externes à continuer les envois, accompagnés d'assurances que l'accueil sera à la hauteur.

Le 8 juin 2015 Dimítris Avramópoulos, commissaire européen à la Migration et aux affaires intérieures, a répété à la Commission des Libertés civiles du Parlement européen que le développement de l'immigration légale devrait suppléer au déficit démographique, estimé à cinquante millions à l'horizon 2060.

Le 5 septembre 2015, la Haute Représentante de l'Union européenne pour les affaires étrangères et la politique de sécurité Federica Mogherini a déclaré qu'il fallait accepter cette crise car elle était là pour durer. Elle s'est opposée à l'idée d'ouvrir des centres d'accueil d'urgence (*hotspots*) hors de l'Union pour ne pas déstabiliser les pays concernés, et a assuré que la Turquie avait accueilli deux millions de réfugiés syriens, ce qui était exact quant au nombre et faux quant à la catégorie de réception. Puis le 15 septembre elle a expliqué qu'il y a douze millions de Syriens déplacés ou réfugiés, et laissé entendre que l'Union européenne devrait les accueillir.

---

[104] laquelle s'exclame aujourd'hui, comme un fameux ancien colonel français, "*je vous ai compris !*"

Le 5 novembre, un rapport de la Commission européenne sur les perspectives économiques rédigé par le commissaire Pierre Moscovici appelait de ses vœux l'arrivée, "d'ici à 2017" (c'est-à-dire en 2016), de trois millions de migrants supplémentaires. Il ajoutait même que cela aurait un effet positif sur la croissance, qu'il estime d'ailleurs entre 0,2 et 0,3 %[105], tant en raison de l'accroissement des programmes sociaux étatiques (financés par l'endettement) que par l'accroissement de l'offre théorique de main d'œuvre (analphabète et oisive).

Le 5 novembre aussi, le Haut-Commissariat de l'ONU pour les Réfugiés a publié un rapport sur ses besoins pour l'hiver, prévoyant qu'il arriverait encore de Turquie dans les quatre prochains mois autant d'intrus que depuis le début de l'année.

Il faut se rappeler que jusqu'au début de l'année 2015 c'est l'Italie (Malte dans une moindre mesure) qui était en première ligne, voyant passer trois quarts des flux, et qui demandait parfois de l'aide à l'Union européenne : l'idée de la réinstallation durable d'un certain nombre de réfugiés acceptés, et de la relocalisation temporaire de candidats en attente de décision, est venue d'Italie. Ce n'est que lorsque l'Europe a donné son feu vert à l'accueil illimité des intrus (que l'Allemagne préfère certainement asiatiques qu'africains) que le déferlement s'est accéléré par la Sublime Porte au deuxième semestre.

C'est au moment où l'Italie débordée appelait à la solidarité européenne, peut-être sans se douter que l'Allemagne allait comme d'habitude détourner cette solidarité vers l'Est, que Peter Sutherland a été reçu en

---

[105] ce qui, rapporté à un accroissement de population de 0,8 % soit trois à quatre fois supérieur, semble plutôt représenter un appauvrissement général

audience privée par le pape François, le 26 juin, à l'issue de quoi il a déclaré que l'afflux d'Africains avait un effet bénéfique pour l'Union européenne, et expliqué tant au nom de l'ONU que de l'Église Catholique que l'Europe devait en accueillir beaucoup plus. Il allait d'ailleurs quitter quelques jours plus tard la présidence de Goldman Sachs International[106], dont il reste cependant conseiller, pour se consacrer plus sérieusement aux questions migratoires.

Peter Sutherland, conseiller spécial du pape François en matière de migrations (et conseiller pour l'administration du patrimoine du Saint-Siège depuis 2006), est depuis novembre 2014 président de la Commission Internationale Catholique pour les Migrations. Il est aussi Représentant Spécial du Secrétaire Général de l'ONU pour les Migrations Internationales depuis 2006 et a lancé le Forum mondial sur les migrations et le développement en 2007 (dont le dernier sommet s'est tenu en Turquie du 14 au 16 octobre 2015). Ce très influent acteur de la mondialisation, ami intime de plusieurs chefs d'État, ancien commissaire européen, dernier directeur général de l'Accord général sur les tarifs douaniers et le commerce puis premier directeur de l'Organisation Mondiale du Commerce, ancien président de plusieurs groupes financiers de taille mondiale et de plusieurs centres d'études et d'influence politique européens, transatlantiques et mondiaux, est président d'honneur de la Commission Trilatérale et ancien co-directeur du groupe Bilderberg.

---

[106] qui, sous ses vingt ans de présidence, avait falsifié les comptes publics de la Grèce pour la faire admettre dans l'euro et simultanément la surendetter, tout en spéculant parallèlement contre elle afin de la mettre en faillite et à genoux en temps utile (pour le dollar étatsunien et l'envahissement turc)

Questionné à l'ONU, le 2 octobre[107], au sujet de la "crise des réfugiés" en Europe, Peter Sutherland a répondu qu'on peut améliorer les choses pour ceux qui souffrent, c'est-à-dire avant tout les migrants eux-mêmes, et a rappelé l'obligation légale de protéger les réfugiés. Il a ajouté "*et ceux qui ne sont pas des réfugiés, ceux qui ne fuient pas la persécution,* [mais] *qui sont des migrants économiques, méritent eux aussi non seulement le respect et la prise en compte de leurs droits, mais aussi un engagement constructif envers la migration plus généralement*". Parmi d'autres considérations, il a rappelé que l'Europe détient 29 % de la richesse mondiale et qu'elle fait face à des problèmes démographiques qui l'obligent à prendre plus de migrants, évoquant de tête le nombre de plus d'un million d'immigrés par an sur les trente prochaines années pour l'Allemagne afin de maintenir le ratio entre retraités et travailleurs, puis a rappelé qu'il en était de même pour l'Espagne, l'Italie et le Portugal. Il a aussi dit qu'il pensait que la chancelière Merkel n'agissait pas par un tel calcul économique mais pour des raisons morales, et a assuré qu'on ne peut pas aujourd'hui avoir "*une société qui interdise à d'autres d'y participer en raison de leur race ou de leur religion*". Avant de terminer en disant que pour construire un monde meilleur il faut "*s'occuper de nos vieilles mémoires historiques et des images de notre propre pays pour reconnaître que nous appartenons à l'humanité*", il demande aux gouvernements "*de coopérer, de reconnaître que la souveraineté est une illusion, que la souveraineté est une illusion totale qu'il faut abandonner*".

Ses préconisations migratoires, citées de mémoire, sont modestes par rapport aux conclusions du fameux rapport de l'ONU sur les *Migrations de remplacement*,

---

[107] www.un.org/apps/news/story.asp?Newsid=52126

solution au déclin et au vieillissement des populations[108], publié le 21 mars 2000, qui, en présentant les projections résultant de cinq scénarios distincts pour chaque pays plutôt qu'en dictant directement la "bonne solution", émet d'adroites recommandations indirectes, au motif de maintenir, dans chaque pays, le rapport de la population d'âge actif (15 à 64 ans) à la population âgée (65 ans et plus) à son niveau de 1995, en parallèle avec d'autres scénarios présentés comme insatisfaisants. En l'occurrence dans le cas de la France, pour maintenir les équilibres il aurait fallu entre 2000 et 2025, le temps d'une génération, une immigration de vingt-trois millions de personnes en France soit presque un million par an (rythme loin d'avoir été respecté entre 2000 et 2015 ce qui pourrait certes engendrer la tentation de mettre maintenant les bouchées doubles), et sur la totalité du demi-siècle quatre-vingt-dix millions soit presque deux millions par an. Pour l'Allemagne les objectifs sont doubles de ceux de la France, pour l'Italie intermédiaires, et pour l'Union européenne à quinze d'alors il aurait fallu appeler entre 2000 et 2025 cent-cinquante-neuf millions soit plus de six par an, et pour le demi-siècle… treize millions par an. De tels objectifs extrêmes d'immigration de remplacement semblaient certes inaccessibles aux rédacteurs, qui notaient qu'en augmentant l'âge actif jusqu'à 75 ans la plupart des pays devraient s'en sortir avec l'immigration disponible… les populations autochtones d'Europe occidentale terminant cependant le demi-siècle en situation de minorité sur leurs territoires.

Ce rapport de l'ONU sur les Migrations de remplacement, de mars 2000, note que le taux de fertilité, ou nombre d'enfants par femme, est tombé au-dessous du

---

[108]www.un.org/en/development/desa/population/publications/ageing/replacement-migration.shtml

minimum de remplacement (deux enfants par femme), dans l'Union européenne, aux alentours de 1975. Il y a en effet eu une politique coordonnée à l'époque, qui en France s'est concrétisée en janvier de cette année-là. Mais ce rapport, qui semblait tirer, en 2000, les conclusions d'une observation de tendances observées depuis un quart de siècle, avait étonnamment été anticipé un quart de siècle plus tôt par de très clairvoyants politiciens français qui, juste après l'institutionnalisation de l'éradication *in utero*, avaient annoncé l'immigration dite alors de peuplement (que l'ONU appelle de remplacement). Évidemment il serait tentant d'en conclure que la coordination de l'instauration de l'avortement dans les pays développés (Europe en particulier), plus facile à imposer que dans le Tiers-monde (Afrique et Asie en particulier), n'avait pour objectif que de faire de la place pour des populations en surnombre ou considérées comme telles sur d'autres continents, fait accompli (la dépopulation) dont on prendrait ingénument acte un quart de siècle plus tard ; mais ce serait là postuler l'existence d'une véritable gouvernance mondiale capable de prévision à long terme et dotée d'objectifs non transparents.

Les uniopéistes révèrent comme père fondateur de l'Union européenne le comte Richard von Coudenhove-Kalergi, franc-maçon qui avait fondé en 1922 le mouvement paneuropéen, tour à tour soutenu par divers hommes d'État européens et voué à la création des États-Unis d'Europe puis d'un gouvernement mondial sur le modèle de l'URSS, qu'il admirait. C'est d'ailleurs au moyen d'un rassemblement de ce mouvement paneuropéen que son successeur l'archiduc Otto de Habsbourg (chrétien par contre), principal artisan du rapprochement austro-hongrois des années quatre-vingt (qui devait culminer par l'exposition universelle conjointe Vienne-Budapest finalement devenue inutile) et futur inspirateur de la constitution européenne Giscard, rompit le rideau de fer sur la frontière austro-hongroise le 19 août 1989, ce dont la presse saxonne ne retiendrait que la conséquence spectaculaire, à savoir l'ouverture du mur de Berlin par l'Allemagne communiste après quatre-vingt-deux jours de fuite de ses ressortissants par le sud.

Dans ses manifestes Paneurope puis surtout Idéalisme Pratique, le visionnaire Coudenhove-Kalergi expliquait que l'Europe serait à terme habitée par un peuple rustique et grossier "négroïdo-eurasien" issu du métissage des races blanche, noire et jaune, obtenu par l'immigration massive après la destruction de la famille, l'abolition des nations et l'éradication des cultures nationales, sous la conduite technocratique d'une élite urbaine issue de l'alliance entre la haute aristocratie nobiliaire et la juiverie ashkénaze. Initiateur de la Communauté européenne du charbon et de l'acier, du Conseil de l'Europe et de l'hymne européen, Richard von Coudenhove-Kalergi inspire aujourd'hui les débats du Conseil de l'Europe au palais strasbourgeois du même nom, où préside son buste. Il a reçu le 18 mai 1950 le tout premier Prix Charlemagne décerné aux unificateurs de l'Europe[109], par la ville d'Aix-la-Chapelle. L'antépénultième titulaire de cette distinction, pour l'année 2014, était le président de la Commission européenne Herman Van Rompuy, l'avant-dernier lauréat, pour l'année 2015, était le président du Parlement européen Martin Schulz, et le prochain récipiendaire, pour l'année 2016, est le pape François. Si son exclamation "*on ne peut pas tolérer que la Méditerranée devienne un grand cimetière*" devant le Parlement européen le 25 novembre

---

[109] pour se libérer desquels les Français élurent Hugues Capet il y a mille ans.

2014[110] n'est pas tombée dans l'oreille d'un sourd en Asie Mineure, et a été cyniquement retournée contre l'Europe un an plus tard, le pape François rappelle lui-même volontiers que son premier voyage comme souverain pontife fut pour aller accueillir des migrants illégaux à Lampedusa, en juillet 2013 (il y célébra le saint sacrifice et y appela la transsubstantiation sur des fragments de nef intrusive).

De son côté, pour distinguer les meilleures contributions à la réalisation de son projet la Société européenne Coudenhove-Kalergi décerne tous les deux ans un prix Europe, qu'ont semblé accepter avec honneur, entre autres bons et loyaux serviteurs de la cause, Angela Merkel en 2010, Herman Van Rompuy en 2012 et Jean-Claude Juncker en 2014.

Certes, faire remonter à presque un siècle les idées eugénico-morales mises en application aujourd'hui serait reléguer au rang de simple prétexte le récent discours économico-démographique sur un prochain déséquilibre des systèmes de retraite. Mais ce qui est certain, c'est que les actes de la dirigeance européenne visent plus à prétendre maîtriser les flux qu'à tenter de les arrêter, et que ses discours professent, au motif d'inéluctabilité, l'acceptation.

Seule issue

Avant de s'interroger sur les issues possibles pour les peuples européens il faut considérer les prochains développements vraisemblables de la situation actuelle, s'ils n'y changent rien.

---

[110] cinq jours avant d'aller prier en direction de la Mecque à la Mosquée Bleue d'ex-Constantinople puis déclarer au retour que "*le Coran est un livre de paix, un livre prophétique de paix*"

Prochainement la Commission européenne va annoncer le nombre réel, et certainement pas final, de réfugiés certifiés Syriens qu'elle a demandé à la Turquie d'extraire de ses camps, et dont le dernier chiffre connu était un demi-million. Puis, par la procédure du vote à la majorité, elle les imposera aux pays membres selon les fameux quotas péniblement négociés qui deviendront de ce fait la clef de répartition définitive d'un mécanisme permanent et obligatoire demandé par le président François Hollande (20 % pour la France). Une fois les affectations connues il ne restera plus qu'à envoyer les avions.

Dans les semaines qui viennent un incident humanitaire, pas nécessairement catastrophique mais bien médiatisé, pourrait relancer la compassion émoussée et accoucher de l'idée que puisque les intrus illégaux par effraction sont bienvenus et seront gardés, il est odieux de les laisser marcher dans la neige hivernale des Alpes et il serait plus humain d'aller les chercher sur les îles grecques, voire sur les plages turques, voire, pour des raisons de commodité aéronautique, dans les aéroports de Turquie.

Rapidement aussi les services d'étude des demandes de refuge seront dotés d'un tampon ultra-rapide pour l'octroi systématique du statut de réfugié à tout intrus qu'aucun élément irréfutable n'écarterait de la présomption d'être Syrien, ou subsidiairement Irakien ou Afghan, et seront soumis à pression pour simplifier, collectiviser et accélérer leurs procédures d'accord pour tous les autres, de manière à ce que tous lés dossiers de 2015 soient résolus (positivement, hormis l'expulsion symbolique de quelques terroristes trop vantards, pour bâillonner l'extrême-droite), par exemple, pour la fin avril.

Un dédoublement des services sera peut-être ingénié afin d'assurer les travaux relatifs aux dossiers de regroupement familial des intrus de 2015 sans gêner le traitement des intrus de 2016. Le pont aérien pour aller chercher les familles pourrait être mis en place dès l'automne, sachant que selon les moyens disponibles (civils puisque les pays de l'Union européenne n'ont plus de transport aérien militaire), et même en contractant la flotte ex-ukrainienne, l'opération durera longtemps.

Parallèlement aux douze millions d'invités que l'Union européenne amènera au titre du regroupement familial avec les deux millions d'intrus de 2015, elle prépare les opinions publiques et les gouvernements à l'intrusion de huit (voire treize) millions de hors-la-loi supplémentaires en 2016, qui seront à leur tour régularisés pour donner un droit de regroupement à quarante-huit (voire soixante-dix-huit) millions de plus à partir de 2017.

Les exactions massives commises par les intrus seront occultées par la presse et évitées par la police débordée, tandis que la population s'en plaindra avec d'autant plus de véhémence qu'elle sera affligée par plus d'insécurité.

Alors viendra le moment que certains policiers autrichiens, en octobre, disaient redouter et évoquer souvent entre eux, celui où on ordonnera aux polices de marcher contre les populations, et cette fois pas avec des canons à eau comme pour disperser les femmes de Cologne protestant le 9 janvier contre la razzia sexuelle et réclamant la sécurité.

À plus long terme les systèmes de sécurité sociale étant totalement ruinés, et les allocations pour oisiveté ayant asséché non seulement les cotisations de retraite mais aussi les budgets fiscaux publics, l'euthanasie sera instituée de manière aussi internationalement promue et coordonnée qu'avant-hier l'avortement, hier l'appariement homosexuel, et demain la polygamie pour les hommes (dans le monde mahométan) ou l'abolition du mariage (dans le reste du monde).

S'ils veulent survivre, les peuples d'Europe devront amener leurs gouvernements actuels, ou à défaut des régimes de salut public de substitution, à prendre de sérieuses mesures conservatoires, certaines à moyen terme et d'autres plus urgemment.

Pour redresser la natalité indigène il faudra bien sûr prohiber l'éradication *in utero*[111]. Tant pour le redressement de la natalité que pour le découragement de l'intrusion par la force, il faudra mettre fin à la préférence étrangère en matière de logement, travail, assistance médicale, aide sociale et redistribution allocataire. Si l'État-providence actuel ne survit pas à la faillite des systèmes de retraite, son désengagement fiscal rendra aux familles la charge et les moyens de nourrir et soigner leurs anciens, certainement mieux que ne le feraient des remplaçants (actifs ou oisifs) et un parlement allogènes envers un dernier carré d'irréductibles indigènes *dhimmis* "infidèles" en fin de vie.

Pour lutter contre l'insécurité, et au moins policer ce qui ne peut être civilisé, il faudra évidemment augmenter les effectifs dédiés. Il faudra aussi vraisemblablement autoriser de nouveau le port d'arme par les citoyens honnêtes (quitte à leur imposer un examen comme pour conduire, chasser et comme cela devrait l'être pour voter), comme du temps où il était impossible aux gens d'armes de neutraliser tous les bandits de grand chemin. Mais, bien plus important, il faudra reconstruire un véritable système judiciaire et pénitentiaire, du Code à l'accomplissement de la sanction en passant par l'administration de la justice (le jugement).

Bien plus urgent, pour mettre fin à l'infiltration ou plutôt l'inondation massive il faudra d'abord intimer à la

---

[111] l'euthanasie pourrait être conservée mais strictement réservée aux politiciens qui l'auront votée

Turquie de l'interrompre, et le seul moyen pour l'Union européenne d'être prise au sérieux est de lui intimer aussi de retirer son armée de tout membre de l'Union qu'elle occupe, avec un ultimatum suivi si nécessaire de la libération de Chypre *manu militari*. On pourrait décourager l'embarquement des malheureux en ramenant sur de grandes barges en limite des eaux territoriales turques tous ceux qui arriveraient à rejoindre les côtes grecques, bien qu'un moyen plus expéditif consisterait à déployer sur quelques dizaines de vedettes, adossée aux îles grecques, une force privée supplétive dotée de capacités morales du type bataillon Azov ou Aïdar et chargée d'envoyer par le fond toute embarcation intrusive, doublée toutefois d'une opération aéromaritime (patrouilleurs et hélicoptères) de sauvetage et raccompagnement, dont les récits des survivants feraient vite tache d'huile. Quelques centaines (voire seulement dizaines) de morts bien médiatisées suffiront peut-être à tarir définitivement un trafic qui tuait plusieurs milliers de personnes par an loin des caméras[112]. Mais le plus efficace serait d'obtenir de l'ONU la création d'une zone de protection humanitaire sur une bande terrestre de dix kilomètres de large tout le long de la côte turque, avec déploiement de contrôleurs européens.

Dans un esprit de dissuasion il faut aussi immédiatement, dès le début 2016, révoquer le regroupement familial, cette pratique généreuse de pays riches en temps de paix, le monde entier pouvant facilement comprendre qu'en cas de circonstances exceptionnellement graves voire existentielles un pays puisse se retirer d'accords que d'autres n'ont d'ailleurs jamais signés.

---

[112] en mer, auquel il faut ajouter un nombre peut-être bien supérieur dans le désert du Sahara

Il faut évidemment autoriser et aider immédiatement les pays périphériques de l'Union européenne à assumer leurs devoirs de contrôle des frontières extérieures au titre de l'accord de Schengen et d'instruction des demandes de refuge au titre du règlement Dublin II, le temps de la reconstitution de polices des frontières nationales. Un contrôle strict doit être mis en place aux frontières tant internes qu'externes, et en l'absence de services de garde-frontières, l'urgence vitale impose de déployer tout effectif assez important pour contrôler des milliers de kilomètres linéaires, fût-ce dans le cas de la France les enseignants de l'Éducation nationale, les écoliers étant tout prêts à pardonner six mois ou un an de vacances imposées si ça leur épargne un envahissement plus cruel que celui qu'ont connu leurs arrière-grands-parents, les enfants de 1940.

Enfin, et cela ne coûte que quelques mots, il faut changer radicalement le discours politique, cessant d'inviter en Europe toute la misère et la violence du monde, et assurant que l'affaire est désormais considérée comme une invasion encore pire qu'une attaque militaire conventionnelle, et sera traitée comme telle.

La xénélasie est une question ultérieure, le coup d'arrêt à l'envahissement est urgent. Il faut le donner maintenant, au tout début 2016 et avant la fin de l'hiver, de même qu'il faut à tout prix, fût-ce au prix de la fausse paix civile actuelle, interdire la régularisation du moindre intrus qui ne soit pas un authentique réfugié au sens de la convention de Genève de 1951.

CONCLUSION

*L*a conclusion qui suit est celle, sans changement, de la première édition de janvier 2016. Les commentaires au moment de la deuxième édition cinq ans plus tard font l'objet des quatre derniers paragraphes de cette conclusion.

Un livre était nécessaire, au moment de faire le bilan de l'année écoulée, parce que les articles de presse que l'actualité a vus fleurir s'envolent alors qu'un événement majeur s'est produit, en France comme en Europe, en cette année 2015. Mais un livre n'était pas facile à finaliser parce que chaque semaine apporte de nouveaux chiffres et de nouvelles fausses décisions, et chaque jour de nouveaux faits et détails. À froid et d'un point de vue intellectuel, un certain recul temporel aurait été préférable pour mieux construire cet exposé, mais à chaud et d'un point de vue concret, une action urgente est nécessaire, pas dans six mois, pour éviter l'irréparable.

Cette petite étude rapidement assemblée ne présente que des faits, qui compilés sans sélection pourraient d'ailleurs remplir plusieurs tomes. Elle n'entre pas dans le détail de possibles solutions, à peine évoquées, parce qu'aucune ne pourrait être mise en œuvre sans volonté politique, aucune n'est satisfaisante à ce stade de gravité du problème, et aucune ne pourrait se passer d'une première étape qui se résume en un seul mot : arrêter. Cette étape-là est urgente. Les commissaires et conseillers uniopéens prennent le temps de la réflexion sur les modes d'une concertation devant jeter les bases d'une étude approfondie en vue de conduire à la recherche de débuts de solutions satisfaisant à tous les critères et susceptibles de réunir un large consensus de tous les partenaires etc., et font peut-être exprès de mettre deux mois entre deux demi-heures de travail effectif. Les peuples d'Europe, eux, doivent obtenir de leurs élus des actions concrètes et rapides, ou à défaut agir eux-mêmes, s'ils veulent encore exister dans une génération, en 2040, et vivre en paix dans un an, en 2017. Il faudra ensuite traiter l'invasion. Mais c'est tout de suite qu'il faut l'arrêter.

Les pays qui, au XIX° siècle, attiraient des colons en offrant des terres recevaient des paysans dont la capacité de travail excédait les possibilités de leur terroir d'origine. Les pays qui, au XX° siècle, attiraient des colons en offrant des allocations d'oisiveté recevaient des parasites profiteurs. Évidemment les pays qui, au XXI° siècle, appellent des colons à venir relever par leur fertilité la natalité européenne défaillante reçoivent de jeunes hommes en pleine forme avides de stupre et de luxure, issus d'ailleurs d'une culture où le sexe est plus un rapport de violence et soumission que d'amour.

Si l'avant-garde invasive masculine, qui a fait illégalement intrusion en Europe à l'invitation des gouvernements étatiques et super-étatique, fait l'objet a posteriori d'une "régularisation" par décision du pouvoir exécutif dictée en contravention aux règles établies par décision du pouvoir législatif, c'est ensuite légalement (et même selon un droit inscrit dans la constitution française) que le gros des masses migrantes commencera à arriver dès cette année 2016. Et le gouvernement français en a réservé d'avance 20 % pour la France.

L'ONU et Goldman Sachs étant déjà dans Rome et jusqu'au Capitole du Saint-Siège, les Ottomans n'ont même pas besoin de franchir eux-mêmes le Rubicon, cependant ils ont bel et bien franchi l'Euros et envoyé en Grèce un corps expéditionnaire bi-millionnaire.

L'urgence est là. Régulariser deux millions de faux réfugiés introduits par voie de fait en 2015, c'est autoriser irrévocablement l'arrivée légale, dès leur régularisation prononcée en 2016, de douze millions de parents ayants-droit, parallèlement à l'arrivée illégale, encouragée par cette régularisation, d'encore huit à douze millions d'intrus de plus, qui ouvriront légalement la porte à encore quarante-huit à soixante-douze millions de parents ayants-droit en 2017. Toute régularisation est donc inacceptable.

S'ils ne veulent pas être dépossédés de leurs territoires et d'un futur, les peuples d'Europe doivent, par tous les moyens (même légaux) mais très rapidement, contraindre leurs gouvernements à l'obéissance civile.

La première moitié de l'année 2016 a vu un certain nombre d'événements, rapportés tour à tour sur le blogue de Stratediplo et occultés par la presse. Il y eu la systématisation, dans tous les accords, du quota de 20 % d'intrus exigé par la France au lieu des 14,17 % que lui avait arithmétiquement attribué la Commission Européenne en mai, puis l'accord turco-uniopéen présenté le 6 mars[113] et signé le 18 entérinant la mutation de l'aide exceptionnelle d'un milliard d'euros en tribut annuel de trois milliards. Il y a eu la discrète mise en œuvre du pont aérien migratoire le 4 avril, suivi de l'accroissement des liaisons ferroviaires, ainsi que d'autres confirmations des annonces de la Huitième Plaie qui ne s'était trompée que sur les capacités bureaucratiques de régularisation massive, et donc de déclenchement de la phase suivante à savoir le transfert des ayants-droit au regroupement.

Puis l'attention de la dissidence de pensée a été appelée ailleurs, sur l'explosion de la criminalité,

---

[113] http://stratediplo.blogspot.com/2016/03/nouvelle-enturquerie-uniopeenne_78.html

l'accélération de l'islamisation ou la modification du socle juridique de la société française par exemple. Surtout, le régime a signé à Marrakech, au nom des peuples de France non consultés, le Pacte mondial pour des migrations sûres, ordonnées et régulières, qui mérite à lui seul plusieurs livres de commentaires, et dont l'adoption par l'Assemblée générale de l'ONU le 19 décembre 2018 a fait une convention internationale accordant aux intrus par voie de fait les mêmes droits qu'aux immigrés légaux, et interdisant la discrimination (distinction) entre immigration légale et illégale.

En tout cas ce que les Français (et les derniers touristes étrangers) ont constaté, c'est le changement drastique de physionomie des rues et de leurs occupants. Les rues de France n'appartiennent plus aux Français. Une rue de France, une foule, un marché ou un hypermarché, ne ressemblent plus du tout à ce qu'ils étaient il y a cinq ans, et les photographies d'alors semblent aujourd'hui venir d'un autre pays. Mais les chiffres restent secrets, on ignore en 2020 le volume réel de la population de France (ou des populations, puisqu'il s'y trouve désormais au moins deux sociétés distinctes). La correction des chiffres officiels affiche un demi-million d'immigrés par an, ce qui est très inférieur aux préconisations du rapport de l'ONU sur les "migrations de remplacement" du 21 mars 2000 que tout accusé de complotisme devrait télécharger avant son effacement définitif.

La France n'est plus un pays de soixante-sept millions d'habitants, nombre officiel de sa population légale. Si le vraisemblable million d'intrus reçu au dernier trimestre 2015 (un tiers de ce qu'a reçu l'Allemagne) était à multiplier par les seize trimestres écoulés entre début 2016 et fin 2019, cela expliquerait les quatre-vingt-quatre millions de comptes de Sécurité Sociale actifs fin 2019. Et encore quatre trimestres plus tard, fin 2020, cela signifierait que la France porte quatre-vingt-huit millions d'habitants, à 44 % mahométans. Au même rythme il faudrait attendre encore trois ans pour que la population de France, sinon française, atteigne la centaine de millions d'habitants pour moitié mahométans. Néanmoins, le 2 décembre 2020, le premier ministre Jean Castex a déclaré que le gouvernement avait pré-commandé des doubles doses de "vaccin" pour cent millions de personnes... Les "migrations de remplacement" préconisées par l'ONU rattrapent leur retard des deux premières décennies du siècle.

Déjà parus

ÉDITIONS
LE RETOUR AUX SOURCES

JOSEPH A. TAINTER

L'EFFONDREMENT
des SOCIÉTÉS COMPLEXES

JOSEPH TAINTER

L'auteur passe en revue une vingtaine de cas d'effondrement...

ÉDITIONS
LE RETOUR AUX SOURCES

Gottfried Feder

Manifeste pour briser
les chaînes de l'usure

Gottfried Feder

Un livre prophétique pour alerter l'opinion sur le risque d'hyperinflation...

ÉDITIONS
LE RETOUR AUX SOURCES

HONGBING SONG

LA GUERRE DES MONNAIES
LA CHINE ET LE NOUVEL ORDRE MONDIAL

HONGBING SONG

Une guerre mondiale est en cours, qui a des monnaies pour armes
et pour munitions, une guerre aussi meurtrière qu'elle est, à ce jour, invisible...

ÉDITIONS
LE RETOUR AUX SOURCES

COVID-19
CHRONIQUES
D'UNE PANDÉMIE
LE GOUVERNEMENT DE LA PEUR

préface d'Anne Brassié

Jean-Michel
VERNOCHET

Jean Michel Vernochet, le très informé, met en lumière tous les complots

ÉDITIONS
LE RETOUR AUX SOURCES

GILETS JAUNES
LES RACINES DE LA COLÈRE
Vers l'insurrection civile

Jean-Michel
VERNOCHET

Le Pays réel habillé de jaune, est en guerre contre un système qui le tue...

Jean-Michel
VERNOCHET

ÉDITIONS
LE RETOUR AUX SOURCES
Gauche vs Droite
LA GUERRE CIVILE FROIDE
LA THÉOGONIE RÉPUBLICAINE DE ROBESPIERRE À MACRON

La guerre idéologique du XXIème siècle, après avoir opposé capitalisme et collectivisme,
fait aujourd'hui se confronter le globalisme, soit la République universelle, aux Nations et aux traditions...

Un ouvrage passionnant qui balaye de nombreux clichés et rétablit des vérités historiques méconnues

Certains de ses chefs militaires ont marqué le monde par leur génie tactique et stratégique

Ces histoires ahurissantes et fantastiques, retracent les origines des grands mythes

ÉDITIONS
LE RETOUR AUX SOURCES

LES GRANDES BATAILLES DE L'HISTOIRE DE FRANCE
d'Hastings à la Libération
1066-1945

« La France fut faite
à coups d'épée »

Cette citation de Charles de Gaulle dit bien ce que
la France doit aux grandes batailles qu'elle a dû livrer pour construire ses frontières...

ÉDITIONS
LE RETOUR AUX SOURCES

LES VICTOIRES FRANÇAISES
de 1914 à nos jours

L'auteur démontre clairement que
l'armée française a souvent joué un rôle prépondérant

ÉDITIONS
LE RETOUR AUX SOURCES

COLLECTIF EUROPÉEN POUR UNE INFORMATION LIBRE

CHOC ET SIMULACRE

PRÉSENTÉ PAR MICHEL DRAC

ESSAIS
ÉDITIONS
LE RETOUR AUX SOURCES
ESSAIS
MICHEL DRAC
PENSER LE RÉEL POUR SORTIR DU SYSTÈME

EUROCALYPSE
ÉDITIONS
LE RETOUR AUX SOURCES
EUROCALYPSE
COLLECTIF SOLON & MICHEL DRAC

LA DIXIÈME PORTE
ÉDITIONS
LE RETOUR AUX SOURCES
PAUL DAUTRANS
LA DIXIÈME PORTE
SI VOUS TRAVAILLEZ EN ENTREPRISE, MÉFIEZ-VOUS DE CE LIVRE...

ÉDITIONS
LE RETOUR AUX SOURCES

MAURICE GENDRE & JEF CARNAC

LES NOUVELLES
SCANDALEUSES

LE MONDE DANS LEQUEL VOUS VIVEZ N'EST PAS LE MONDE QUE VOUS PERCEVEZ...

ÉDITIONS
LE RETOUR AUX SOURCES

PAUL DAUTRANS

MANUEL DE
L'HÉRÉTIQUE

UN LIVRE QUI METTRA EN COLÈRE ABSOLUMENT TOUS LES CONS

ÉDITIONS
LE RETOUR AUX SOURCES

MICHEL DRAC

TAPIS DE BOMBES

MICHEL DRAC DYNAMITE UNE À UNE TOUTES LES POSITIONS DU SYSTÈME

MICHEL DRAC
TRIANGULATION
ÉDITIONS
LE RETOUR AUX SOURCES
TRIANGULATION
REPÈRES POUR DES TEMPS INCERTAINS
MICHEL DRAC
NOUS APPROCHONS MANIFESTEMENT D'UN MOMENT CRITIQUE DANS L'HISTOIRE DE NOTRE PAYS

JEF CARNAC
VENDETTA
ÉDITIONS
LE RETOUR AUX SOURCES
JEF CARNAC
VENDETTA
L'ARGENT, LE POUVOIR, LA CÉLÉBRITÉ...
RIEN NE VOUS PROTÈGERA

MICHEL DRAC
VOIR MACRON
ÉDITIONS
LE RETOUR AUX SOURCES
VOIR MACRON
8 SCENARIOS POUR UN QUINQUENNAT
MACRON : UN ILLUSIONNISTE.
SON ÉLECTION : UN TROMPE-L'OEIL.
SA POLITIQUE : DU THÉÂTRE.
MICHEL DRAC

Stratediplo

ÉDITIONS
LE RETOUR AUX SOURCES

Stratediplo

Le douzième travail
Un refuge autarcique

Puisse cette description donner des idées à un chercheur d'autonomie...

Stratediplo

ÉDITIONS
LE RETOUR AUX SOURCES

Stratediplo

Le onzième coup
de minuit de l'avant-guerre

Préface de Michel Drac

Un incident réel ou fictif servira à déclencher les opérations, les populations ne réagissant pas...

Stratediplo

ÉDITIONS
LE RETOUR AUX SOURCES

Stratediplo

Le quatrième cavalier
l'ère du coronavirus

Préface de Piero San Giorgio

ÉDITIONS LE RETOUR AUX SOURCES

Stratediplo

Le septième scénario
Sécession d'une minorité
Préface du colonel Hogard

"Si vous êtes Français, si vous aimez votre pays, il faut lire ce livre" Piero San Giorgio

LE RETOUR AUX SOURCES

Stratediplo

La neuvième frontière
Catalogne 2017
Préface de Miodrag Janković

L'opposition de la légalité interne espagnole à la légitimité démocratique...

LE RETOUR AUX SOURCES

MARIA POUMIER

MARCHANDISER LA VIE HUMAINE

Dans chaque pays, une forte résistance s'exprime...

ÉDITIONS
LE RETOUR AUX SOURCES

LE LIVRE DU SANG
Sven et l'ancien testament

PRÉFACE DE LAURENT GUYÉNOT

Il y a mille raisons de s'indigner que cette cruelle divinité tribale ait pu être confondue avec le Dieu d'amour que prêche le Christ.

ÉDITIONS
LE RETOUR AUX SOURCES
LES MÉTHODES INFAILLIBLES DE CHARLES SANNAT

INVESTIR DANS L'IMMOBILIER

Le patrimoine immobilier tient une place toute particulière dans le cœur des Français

ÉDITIONS
LE RETOUR AUX SOURCES
LES MÉTHODES INFAILLIBLES DE CHARLES SANNAT

MARRE D'ÊTRE PAUVRE / DEVENIR RICHE

Oui, il existe des techniques, des méthodes et des moyens pour devenir riche et vivre dans l'abondance...
Avoir à nouveau une France forte et conquérante, est largement possible, mais pour cela, et parce que le monde a changé, les vieilles recettes n'ont plus aucun sens.

www.leretourauxsources.com

www.ingramcontent.com/pod-product-compliance
Lightning Source LLC
Chambersburg PA
CBHW070803270326
41927CB00010B/2274